「食」の図書館

ザクロの歴史

POMEGRANATE: A GLOBAL HISTORY

DAMIEN STONE
ダミアン・ストーン【著】
元村まゆ【訳】

原書房

目次

［……］は翻訳者による注記である。

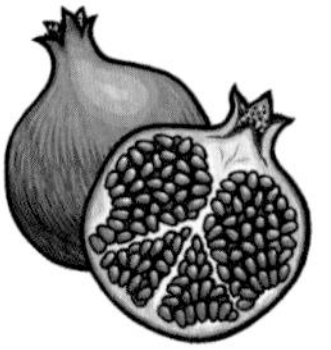

序章◉最も美しい果実

ザクロの茂みから（小さいがきっぱりとした、鋭い）声が聞こえてくる。
「私の種は女主人の歯のように輝き、果実は女主人の胸のように丸い形をしている。私は彼女のお気に入りの、果樹園で最も美しい樹木で、季節ごとにいつも最も美しい姿を見せている」

トリノ・パピルス、エジプト人、紀元前12世紀

ザクロの実は個性的で、魅惑的で、鑑賞用としても価値がある。食べるとなると躊躇《ちゅうちょ》しそうな見た目ではあるが、人類の歴史を通して、魔除け的な力をもつ食品として、高い人気を保っている。古代メソポタミアの、ザクロに関する最古の記録ではナーマ（nurma）と記されていたが、ザクロ（pomegranate）という単語は、ラテン語でリンゴを表すポームヌ（pomum）と「種の多い」という意味のグラナートウム（granatum）に由来する。この果

店先に並んだザクロ（学名 *Punica granatum*）、マイソール、インド。

実の特徴的な形と色、種から、その普遍的な美的魅力が生み出されている。ザクロは美、不可解さ、女性性を具現し、その刺激的な赤い果汁はしばしば血に例えられてきた。

ザクロは人類にとって最古の食品のひとつであり、原産地は現在のイランに当たる地域で、野生種は多様な生態系を持つコペトダグ山脈地帯で誕生したと考えられている。栽培が開始されたのは紀元前1万年頃の新石器革命の時期で、その後品種改良など人間による淘汰により、野生種にはなかった魅力的な性質を獲得していった。ザクロが最初に考古学的文献に登場するのは紀元前3000年紀初頭のことで、遺物としては中東の古代遺跡アラドとニムラドで炭化したザクロの種が見つかった(1)。

ザクロ属（学名 *Punica*）には、ザクロ（学名 *Punica granatum*）の他に、もうひとつの種が含まれる。珍しいソコトラザクロ（学名 *Punica protopunica*）は一般的なザクロより原始的で、インド洋上にあるイエメンのソコトラ島でのみ生育している。しかし、苦みが強く、通常は食用にならない。ザクロ属はミソハギ科の植物だ。

ザクロの果実のうち、人間が最も関心を示すのは、食べられる部分、すなわち種である。種はひと粒ずつ種衣［ザクロの食用部分でその中に種子が入っている。仮種皮とも呼ばれる］に覆われている。血のように赤くてジューシーな種衣は、甘酸っぱく、実に美味である。黄または白の固い果肉の中に、種衣がびっしり詰まっている様子はまるで万華鏡のようだ。だが、果実の多用途は食用だけにとどまらない。例えば、果皮は皮をなめすのに使われてきたことが知られている。また、ザクロの花からは鮮やかな赤の染料が、ザクロの根からは黒の染料が抽出される。果皮からは黄色の染料も作られる。色の薄いザクロの木材はとても硬くて耐久性がある。しかしながら、あまり大きな木ではなく、幹も細いので、建築材としては実用的ではない（ただし、古代バビロニアの文献には、長さ3メートルのザクロの梁が建築材として使用されたという記述がある）[2]。今日ではザクロの木材は、小型の農機具や装飾品の製造にのみ使われている。ザクロ材の椀は青銅器時代から作られていた[3]。

ザクロの木の寿命は最長で３００年と言われ（15年以降は木の香りは薄れ、果実の収穫量も減少するが）、灌木のように見え、枝がびっしりと茂り、小枝も多い。常緑の品種もあれば、落葉性の品種もある。木の高さは、8メートルぐらいまで伸びる木が多いが、中にはずっと低いままの木もある。また、小さな赤い果実や花の美しさだけでなく、幹は思い通りの形に曲げやすいことから、日本では背の低い品種が盆栽に好んで用いられている。ザクロには実をつけない品種もあり、釣り鐘状の花の美しさを愛でるためだけに栽培される。ザクロの木は生け垣にも使われる。また、浸食による悪影響の改善のために、山の斜面に植林されてきた。

話を始める前に、この手ごわそうな果物を少しでも取っ付きやすいものにするために、ま

オットー・ヴィルヘルム・トーメ、『ザクロ（学名 *Punica granatum*）』、19世紀の植物図版。

実を付けたザクロ。

ず外皮と中果皮［果肉と皮の間の白い繊維質の組織］を取り除く最も良い方法を説明しておきたい。そうすれば、読者はこの果物の変化に富んだ歴史をたどりながら、種衣を楽しく食べることができるだろう。生のザクロを購入する際には、外皮がなめらかで光沢があり、ひび割れやしみがないものを選ぶとよい。熟成し過ぎたザクロは表面が乾燥し、しわが寄ってひきつれている。ザクロには１０００以上の品種がある（品種については「補遺」のリスト参照）。外皮は赤が一般的だが、濃い紫色から黄色や緑色まであらゆる色のザクロがある。内部の種衣にもさまざまな色合いがある。同じザクロの木から、2色の種衣を持つ実が成る場合もある。これはメタキセニア［果肉や果皮に花粉親の影響が出ること］と呼ばれる現象で、同じ木の花にふたつの品種の花粉を受粉させた結果である。

外皮と中果皮を取り除く方法としては、ザクロの黄色または白色の中果皮が見えるくらいまで実の先端の王冠のような部分（萼《がく》と呼ばれる）を切り落とす。そして、果実を4分割するように外皮の上から下まで切り目を入れ、冷水を入れたボウルに2、3分浸す。果実を水に沈めたまま、指で4つに割り、種衣を中果皮から離す。そうすると種衣はボウルの底に沈み、中果皮の白い繊維質は浮き上がる。外皮を取り除いたあと、種衣を水の中から引き上げ、ペーパータオルで水気を取る。もうひとつの方法は、果実を半分に切って、何らかの調理器具で果皮を外側から強く叩くと、簡単に種衣がはがれる。ただし、この方法では、種衣が散

開花時のザクロ。

らばって始末に困る。種衣はそのまま食べられるが、料理に使っても良い。また、冷蔵庫で最長1カ月、冷凍庫では約3カ月保存できる。多くの人はジューシーな種衣は好んで食するが、中の種は食べない。果汁を絞るには、ミキサーで種衣をつぶしてから、こし布で固形物を取り除く。あるいは、ザクロの実をふたつに切って、ハンドジューサーで果汁をしぼってもよい。果汁を煮詰めると、暗赤色のドロリとしたシロップができる。

第1章◉神話におけるザクロ

ハーデースはその折こっそりと、甘い食べ物の石榴《ざくろ》の実をわたしの口に押しこんで、嫌がるわたしに無理やり食べさせたのです。

（『ホメーロスの諸神讃歌』、沓掛良彦訳、平凡社、１９９０年）の「デーメテール讃歌」より、紀元前7～6世紀

◉古代ギリシャ

まず、神話という時代を超越した領域から話を始めよう。ザクロに触発された人々は、この領域においても、ザクロにまつわる幻想的な物語を創り出してきた。ザクロは東洋の文化でも西洋の文化でも、伝承されてきた民話で重要な役割を果たすようになった。洋の東西を問わず、繁殖力のシンボルとしての役目を果たしながら、時には生命を与えるが、死をもた

らすこともあるという繁殖の二面性を示している。

本章の冒頭に挙げた引用は、古代の世界から伝えられてきたザクロにまつわる物語の中で、最も有名なもののひとつだ。この神話は、大地の女神デーメーテールの娘ペルセポネーを軸に展開する。ペルセポネーは冥府の神ハーデースにさらわれ、冥界へ連れ去られてハーデースの妻になり、冥府の女王となる。娘が冥界へ連れ去られたことに激怒したデーメーテールは、大地を不毛にし、あらゆる植物を枯らしてしまう。その結果、人類は飢餓に見舞われたため、ゼウスが仲裁に乗り出し、ハーデースにペルセポネーを地上に戻すよう要求する。ハーデースは花嫁を完全に諦めることができず、ペルセポネーにザクロの種を食べるようにそそのかす。ペルセポネーは解放されたものの、冥界の食べ物を食べてしまったために、1年の3分の1を冥界で過ごさねばならなくなる。それでも、残りの3分の2は地上で他の神々と過ごすことが許された。この神話は、季節の移り変わりを説明するものとして、古代の人々によって語り伝えられた。ペルセポネーが冥界にいる時期は冬で、デーメーテールは地上に実りをもたらすのをやめ、喪に服す。そして、春になりペルセポネーが地上に戻ってくると、自然界も再生するのである。

デーメーテールとその娘を崇拝する信仰の中心地は、アッティカ［現在のギリシャ、アテネ周辺の地域］の小都市エレウシスで、エレウシスの秘儀と呼ばれる祭儀が行われていた。

入信者たちは、この秘儀によって死後に幸福を得られると教えられていたようだ。古代の資料からは、秘儀の詳細は明らかにされていないが、ペルセポネーの神話の再現が行われたと推察されている。おそらく、入信者はザクロを食べるか果汁を飲むことを求められたのだろう。ペルセポネーの神話におけるザクロは、赤い果汁と種の多さから連想されるように、女性の受胎能力とともに結婚の成就による処女性の消失を象徴している。また、果実からあふれる赤い種が月経をイメージさせることから、女性という存在の本質を思い起こさせる役割を果たしている。実際、ギリシャの民間医療では、月経の出血を止める薬として、ザクロの果汁を処方していた(1)。

女性の月経は、男性が戦場で戦士として戦うことに匹敵するものとみなされていたため、ザクロは結婚適齢期の若いアテネの娘の庇護者で、戦いを司る処女神アテナの属性とされていた。アクロポリスの丘に建つアテナ・ニケ神殿には、かつてはアテナ神の木像が安置されていたが、腐敗して失われたまま長い年月が経った。その像は、右手にザクロ（女性の戦いを表す）を、左手にヘルメット（男性の戦いを表す）を持つアテナとして表現されていた(2)。

また、パンフィリアのシデ（現在のトルコ南部の地中海沿岸にある街）から出土した数種類の古代の硬貨でも、アテナはザクロとともに描かれている。「シデ」は地名であると同時に、古代ギリシャ語でザクロを表す単語のひとつでもある。また、巨人の狩人オリオンの妻の名前として人格化されている。オリオンとシデの結婚は、夜空にオリオン座が見える秋に果物が熟すことの神話的な説明と考えられている。だが、幸福なカップルにとってすべてが順調に進むとは限らない。シデは傲慢にもその表面的な美しさをゼウスの妻ヘラと競うという由々しき行動に出た。シデは罰として永遠に冥界へ追放され、そこからザクロと冥府が結びつけられるようになった。また別の伝説ではシデは若い処女で、父親によるレイプから逃れるために母親の墓で自殺し、その血からザクロの木が生えたとされている。

シデの神話にヘラが加わった結果、ヘラもしばしばザクロを持つ姿で表現されるようになった。この姿を創造したひとりが、紀元前5世紀のアルゴス派の彫刻家の巨匠ポリュクレイトスだ。象牙と金で作られた像は現存していないが、文献によると、ヘラは片手にザクロを宝珠のように掲げていたという。2世紀の地理学者パウサニアスは、この金と象牙の像を見て、「ザクロについては何も語るべきではない。この物語は一種の聖なる謎だからだ」と書いている。(3) この言葉は、ヘラにはザクロにまつわる秘密のカルト集団が存在していたことを示唆している。入信の際にはイニシエーションが行われ、それはおそらく、ヘラとシデの神話に関連するものと考えられている。イタリア南部パエストゥムのギリシャ人入植地に、マドンナ・デル・グラナート（ザクロの聖母）と呼ばれる礼拝堂があり、ヘラにとって重要な聖域となっている。考古学者のヘルムート・キリエレイスは、聖母マリアは「その形容辞と、属性としてザクロを持つことから、古代ギリシャの女神ヘラがキリスト教に受け継がれた可能性が高い」と述べている。[4] つまり、多産の象徴であるザクロと、古代ギリシャの神々の母という役割が、キリスト教の聖母に取り入れられたということだ。

だが、ギリシャ神話においてザクロは、女性的な意味における多産の象徴だけではなかった。古代ギリシャの社会では、伝統的に女性の身体は空の容器で、男性によって満たされる必要があるとみなされていた。また、息子との血縁関係は、種を植えつけた父親の方が、種がまかれた土にすぎない母親より近いと考えられていた。[5] そのため、きわめて繁殖力の強い種を持つザクロという植物の創造が、男性と結びつけて説明されているのもうなずける。最初のザクロは、女神アフロディーテが死に瀕した恋人アドニスの血から作ったと伝えられてきた。[6] ザクロは女性としての魅力にあふれた女神アフロディーテの象徴のひとつであり、彼女は最初にキプロス島にザクロを植えたと言われている。ザクロはしばしばアフロディーテを描いた場面に登場する。例えば、紀元前３００年のエトルリアの青銅鏡には、先端にザクロが付いた笏《しゃく》を持つアフロディーテの像が彫られている。エトルリアの青銅鏡に不死の人物が描かれているのは珍しくなく、そうした鏡を使う人は、鏡に映った自分の姿に完全無欠な神のイメージを重ねて見たのだろう。

その血からザクロが生じたと考えられている男性はアドニスだけではない。アナトリア半

ザクロを持つヒッタイトの女神クババ。紀元前9～8世紀。

島のプリュギア（フリギア）の大地母神キュベレーにまつわる神話にも、同じモチーフが見られる。キュベレーの起源は、それ以前にヒッタイト王国で崇拝されていた女神クババと考えられている。紀元前9～8世紀の出土物に描かれたクババは、片方の手にザクロを、もう片方の手に鏡を持っている。クババの物語は、アグディスティスという名の乱暴な男性［ギリシャ神話では両性具有の女神とされ、キュベレーと同一視されている］の誕生から始まる。アグディスティスは神々にも人間にも乱暴をはたらいたため、ブドウ酒の神ディオニュソスが介入役を引き受け、アグディスティスが水を飲みにやってくる泉にブドウ酒を入れた。酔っ払ったアグディスティスが寝入ってしまうと、ディオニュソスはロープで彼の脚を縛り、その性器からブドウを生やした。アグディスティスは起き上がろうとしたが、二日酔いのせいでよろめいて転び、ブドウの蔓がからんだ性器が体からもぎ取られてしまった。彼の男根から流れ出した血液（精液に擬したもの）が地面に落ち、そこからザクロの木が生えたという。この物語には続きがあり、ナナという名の川のニンフがそのザクロの木の実をひとつ食べた。すると、血のように赤い種が詰まったザクロはナナを身ごもらせ、アッティスという男子が産まれる。アッティスはのちにキュベレーの恋人になる。この突拍子もない神話では、ザクロは生殖力と変容力に富む植物として描かれていて、まさに生殖行為における男性の役割を演じている。

ブドウはブドウ酒の神ディオニュソスの主要な属性だが、ザクロも多くの神話でディオニュソスと結びつけられている。子供時代の物語では、ディオニュソスはタイタンに八つ裂きにされて食べられてしまう（後に元の姿に戻された）。八つ裂きにされたときに血が地面にこぼれ落ち、そこにザクロの木が生えたとされている。そのため、儀式的な祭事には、ザクロを食すのは畏れ多いと禁じているものもある。初期キリスト教を代表する神学者アレクサンドリアのクレメンスは、「テスモポリア祭［古代ギリシャの女性だけの祭り］を祝う女性たちは、ザクロの木はディオニュソスの血から生えているという言い伝えがあるので、地面に落ちているザクロの種を食べないよう注意している」と書いている。(7) 後に、成人したディオニュソスは、王冠を与えるという口実で乙女を誘惑する。乙女が褒美を催促すると、ディオニュソスは乙女を、王冠の形をした萼を持つザクロに変えてしまったという。

ザクロにまつわるあとふたつの古典的神話では、ザクロは大きな苦しみを引き起こすきっかけとなる。ひとつは、神からの罰として冥界で苦しむことになるタンタロスの物語だ。「じらす」という意味の英単語「tantalize」は彼の名を語源としている。タンタロスはザクロの木が生えた沼の中に立たされる。低い位置に枝が伸びているが、空腹のタンタロスが実を取ろうとするとどうしても届かない。そして、沼の水を飲もうとすると水が遠ざかってしまう。別の果物に手を伸ばしている姿で描かれている文献もあるが、ザクロが使われているもの（ホメロスの『オデュッセイア』も含めて）では、ザクロの種子の多さが、冥界で永久に空腹と渇きに苛まれるタンタロスの欠乏の苦しみを際立たせている。

また、「パリスの審判」として知られる神話に登場する果実も、ザクロではないかと思われる。この物語は、ギリシャの女神の中で誰が一番美しいかを競うコンテストが行われるところから始まる。トロイアの王子パリスは、アフロディーテを選び、賞品の「黄金のリンゴ」、すなわちザクロを与えた[8]。古代ギリシャ語で「リンゴ」を意味するメロン（melon）は、時にはザクロを指す言葉としても使われた。ザクロは地中海沿岸地域の住民にとって、リンゴよりはるかに身近な果物だった。結局、ザクロはアフロディーテの属性のひとつになったが、コンテストでこの果物を争ったアテナとヘラとも関連付けられている。ザクロは魔法のような力を持つ媚薬と考えられていて、その効力でパリスは、絶世の美女ヘレネを自分のものにするという願望を成就した。アフロディーテがパリスに、スパルタ王の妻となっていたヘレネを与えると約束したため、パリスはアフロディーテにザクロを与えた。だが、スパルタ王からヘレネを奪ったために争いは不可避となった。「最も美しい女神に（Ti Kallisti）」という言葉が刻まれたこの運命の果実は、トロイア戦争を引き起こす原因となった。ザクロのあふれんばかりの赤い種は、戦いによって流される血の前兆にいかにもふさわしい。

◉アラビア、ペルシア、トルコ

それから数世紀ののち、中東で同じようにザクロが主要な役割を果たすもうひとつの文学的伝統が誕生した。イスラム教を背景に、ザクロはここでも性的意味合いを持つ植物と見なされた。

『千一夜物語』はアラビアの民間伝承から多くの物語を集めた説話集で、シェヘラザードが処刑を免れるために、ストーリーテラーとしての能力を使って、王に物語を語るという形で構成されている。ザクロは多くの物語の中に登場する。そのひとつがイエメンの王の息子サイフの物語で、冒険の旅の途中で手足のない男に出会う。男は700年もの間ネズミからザクロの種を食べさせてもらいながら、王子の到着を待っていた。ザクロと膨大な時間との結びつきは、預言者ハイードにまつわる物語にも見られる。ハイードは神から無限の種衣を持つザクロを与えられ、永久に飢えることがない。また、「若いヌルと戦士の少女の話」には、さまざまな果物を称える短い歌が含まれている。ザクロに関する賛歌では、ザクロの形が魅力的な女性の姿に例えられている。

艶めく皮も好ましく、笑み割るる石榴、銀の隔壁のうちに収められたる紅玉《ルビー》の鉱石よ、

キプロス島で発見されたザクロをつかむ手、石灰岩で作られた大きな像の一部、紀元前6世紀。

汝らは処女の血の凝《こご》れる雫なり。
おお肌なめらかの石榴、男《お》の子《こ》らの前に、胸張って立つ、乙女《おとめ》らの胸乳《むなぢ》。
円屋根ぞ、汝らを眺むれば、われは建築の術《すべ》を学び、汝らを食らえば、われは一切の病《やまい》より癒《い》ゆ。(9)

(『千一夜物語7』、佐藤正彰訳、筑摩書房)

ディヤルバクルの君主《スルタン》を中心に展開する物語には、繁殖力に富むザクロが登場する。この物語は、スルタンが子供を作れないことに気づくことから始まる。夢の中でスルタンは、庭園へおもむき、庭師にザクロを要求せよというお告げを受け、その通りに行動した。そして、手に入れたザクロの種を50個食べると、間もなく50人の妻全員が懐妊した。側室のひとりピロウズは、すぐには妊娠しなかったため追放されたが、後に妊娠していることが判明した。

これとは別に、ザクロに姿を変える話が「第十二の警察隊長の語った物語」に出てくる。この物語のヒーローは、マグリブ人の邪悪な魔術師に立ち向かう、ムハンマードという名の王子だ。ムハンマードはザクロに変身することで、マグリブ人から逃れ、打ち勝つことができた。

王子はマグリブ人から逃れるために、綱の魔力［この物語では駱駝《らくだ》を繋ぐ綱には魔力が宿っていると考えられている］を使って大きなザクロに変身した……マグリブ人が触れたとたん、ザクロは破裂し、粒が床に散らばった。マグリブ人はひと粒ひと粒拾い集め、最後の粒に行きついた……この粒にはムハンマードの魂が潜んでいた。卑劣な魔術師が最後の粒へ首を伸ばすと、その粒中から短刀が飛び出して、マグリブ人の心臓に突き刺さった。すると、魔術師は流れ出る血の中へ不信の魂を吐き出して死んでしまった。(10)

マグリブ人への一撃は致命的で、血を想起させるザクロは流血の結末を引き起こした。

詩人のフェルドウスィーが創作したイランの民族的叙事詩『シャー・ナーメ』は、天地創造から7世紀までのペルシア王の人生を物語る。膨大な量の神話、伝説、歴史を集めたもので、ザクロにまつわる物語もいくつか含まれ、ザクロは肉体美の表現に用いられている。まず、戦士ザールが将来妻となるルーダーベの肉体的な美しさに惹かれる。「彼女の口はザクロの花、唇はサクランボのようで、その銀色に輝く肢体はザクロの実のような胸へと曲線を描いている」(11)。ザールとルーダーベの間に息子が生まれ、ペルシアの偉大な英雄ロスタムとなる。最終的に、ロスタムは武器を取って、もうひとりのペルシアの英雄イスファンディヤールと戦う。イスファンディヤールはかつてザクロを食べて、傷つかない身体を得ていた。

だが、彼には、ギリシャ神話のアキレスと同様に弱点があった。それは目だった。ザクロの力では、ロスタムが放つ矢から彼を守ることはできず、その矢はまっすぐにイスファンディヤールの瞳孔を射貫く。『シャー・ナーメ』では、この話の前にあるイランの英雄シアヴァシュの斬首の物語でも、ザクロを死と結びつけている。シアヴァシュが不当に処刑された後、悲しみのあまり森のザクロの木が枯れたと書かれている。

ペルシアの叙事詩における最後のザクロの物語は、ホスロー王の妻シリーンと恋仲になったファルハッドという男性に関するものだ。その罰として、彼はベヒストゥン山に追放される（この山はダレイオス1世が彫らせた有名な碑文で知られている。この碑文は19世紀になってくさび形文字の解読の手がかりとなった）。ホスロー王はファルハッドに山を斧で切り開くという仕事を与え、もし水脈を発見できたらシリーンとの結婚を許すと告げた。何年もの時が流れた。ようやく山を半分切り開いたとき、水脈が見つかった。ホスロー王はファルハッドのもとへ行き、シリーンが死んだという（偽りの）知らせをもたらす。ファルハッドは悲しみのあまり気が狂い、斧を投げ捨てて死んでしまう。すると、斧が落ちたところにザクロの木が育ち、病気を治す力をもつ実を付けた。

トルコのおとぎ話では、ある王の息子がひとりの王女を自分のものにしたいと思った。王女に会うために父王が設定したいくつかの難題をすべてやり遂げたあと、王女自身が王子にある役割を課した。それは、レー・デューの庭園から歌うザクロの枝を持ち帰るというものだった。途中で困難に遭遇しながらも、王子はついに庭園にたどり着き、ザクロがランプのように鈴なりになっている木を見つけた。彼は50個ほどの実が付いたザクロの枝を折った。すると、「それぞれの実が異なった歌を歌っていて、世界の音楽がすべてそこに集まっているようだった」[12]。枝を持ち帰ろうとすると、庭師がこう告げた。「その枝から目を離してはいけません。婚礼の日にずっとザクロの歌に耳を傾けていられたら、ザクロはあなたを愛するでしょう。すると、ザクロがすべての苦難から守ってくれるので、何も恐れる必要はありません」[13]。王女は50個の実が歌うたくさんの曲が町に響き渡るのを耳にして、彼女の英雄が帰還したことに気づいた。王子に会ったとき、「ザクロの枝は、ふたりの心が結ばれることを素晴らしい旋律で歌い上げたので、ふたりは地上からアラー神の楽園へ引き上げられるように見えた」[14]。婚礼は40日間にわたって繰り広げられ、新郎新婦は絶えずザクロの歌に耳を傾けた。その時、偽物の王子が王女に言い寄ろうとしたが、王子と王女が婚礼の間に耳を傾けていたザクロの歌が邪悪な者を寄せつけなかった。本物の王子は首をはねられるが、生き返り、偽物を打ち負かした。

この物語では、王女が求婚者にザクロの枝を持ち帰るよう求めるところがきわめて興味深い。ザクロの枝には恵まれた結婚を保証するパワーが備わっているので、花婿から花嫁への贈り物としての役割を果たし、花嫁となる不安を軽減する。伝統的なトルコ（およびアルメニアやイランなど、この地域の他の国々）の文化では、ザクロは婚礼と結びつけられている。婚礼の慣習に従って、花嫁はザクロを床に投げる。実から床に散らばったザクロの種の数は、将来彼女が産む子供の数を示すと、冗談半分で考えられている。50個のザクロの実のコーラスのおかげで、王子と王女はさぞ多くの子宝に恵まれることだろう。

求婚者に難題を課すというモチーフは、「オウムのシャー」として知られる別のおとぎ話にも出てくる。過保護な父親がザクロを使って娘を守ろうとする話だ。

王は大変所有欲が強く、娘のガーラを自分だけのものにしておきたいと思った。王は娘の求婚者たちのやる気をそぐために、魔術師の助けを得てある計画を考え出した。庭園に魔法の木が植えられた。3つの実が付いた巨大なザクロの木だ。日が暮れると、ザクロの枝が下へ曲がりはじめ、地面に触れると実がふたつに割れて、それぞれがフワフワした羽毛のベッドになった。王女ガーラは真ん中のベッドで、ふたりの召使いが両側のベッドで眠った。ザクロの実は王女を包みこんで閉じ、枝は空中へ跳ね上がり、王女をあらゆる危険が及ばない場所へ運んだ。庭園の周囲には7重に壁が築かれ、誰も乗り越えられないように、それぞれに何千もの忍び返しが取りつけられた。(15)

だが、ついに遠く離れたペルシアの王が、王女への求婚を成し遂げた。王はオウムの体に乗り移り、ザクロの木から実を取って飛び去った。この物語には性的なイメージを喚起する暗示が含まれている。魅力的な乙女が、赤く種の多い果実の中のベッドに横たわっている姿は、男性にとっての性的可能性を表現している。男性が娘に近づくのを妨害しようとする父親の試みは、実が割れて再び閉じるという女性を象徴するような果実を使ったことで、娘をいっそう魅惑的にしている。同様の物語は、神秘的な鳥シームルグにまつわる初期のペルシアの伝承にも見られる。

王宮の庭園に、実が3個しか付いていないザクロの木があった。その種は美しい宝石のようで、夜になるとランプのように光を放った。実が熟すと、ザクロの実は3人の美しい娘になり、3人の王子の妻になった(16)。

この物語でもザクロは持ち去られるが、ここでは暗い雲から伸びてきた邪悪な手によって盗まれてしまう。

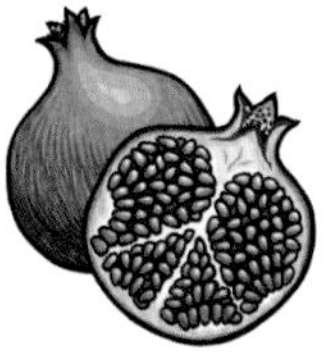

第2章◉古代世界のザクロ

70代で、常にあえぐような呼吸に苦しんでいる男性がザクロを食べたいと言ったなら、その人は死ぬだろう。70代の男性が、ナツメヤシを食べたいと言って食べたなら、回復するだろう。

メソポタミアの神託に基づく医学書、紀元前9～7世紀。

◉古代中近東：メソポタミア、エジプト、ペルシア

イラクでは紀元前4000年期後半に、筆記の発明とともに歴史が明らかになるが、ザクロの歴史もそこから始まる。筆記の発明は、所有物に印章を押す習慣と並行して発展した。紀元前3500～3000年頃、初期の都市に住んでいたあるメソポタミア人は、財産の所有権を示す印章にザクロの図柄を選んだ。ザクロの内部を図式化して彫刻した印章は、現

メソポタミアの印章と押印したザクロの模様、紀元前3500〜3000年。

存する最古のザクロの芸術表現のひとつとされている。この印章は本人確認として機能し、粘土板に書かれた会計や貿易の書類の署名や、容器に入れて封印した高価な商品の安全性を保証するために用いられたと考えられる。印章には紐通しの穴があり、首にかけたり手首に巻いたりして、宝飾品のように身に付けることもできた。そのため、このステアタイト（凍石《とうせき》）のザクロは、所有者のアイデンティティーと不可分であり、その人となりを具現していた。ザクロが印章の図柄に選ばれたのは、おそらくその象徴的意味のためだろう。日々の商取引でザクロの印章を押すと、ザクロの繁殖力が喚起され、所有者の事業の繁栄が保証されると信じられたのだ。

ほぼ同時代の工芸品に、ウルクの大杯として知られるアラバスター製の大きな器があるが、これは当時の世界の序列を表現している。神と人間が交流する場である神殿は、最上位に描かれている。その下の中段には人間世界が表現され、最下段には家畜が描かれている。最下段の下の層には水を表す波状線が描かれ、木々が生えている。その中に3つの実を付けたザクロの木がある。ザクロは上流階級の人間や神の領域で愛でられる、社会にとって重要な植物のひとつだった。

幸いにも古代メソポタミアのレシピは現存しているが、ザクロが料理に使われたという記述はない。ザクロは祝宴ではよく使われていたようで、ある文献には、婚礼で「外皮から取り出された大きなザクロの種」が供されたと記録されている。別の文献には、アッシリア帝国の王アッシュル・ナツィルパル2世が催した饗宴で供された多くの食べ物の中に、100個のザクロの実が薬味として使われていたという記述がある。(1) また、くさび形文字が刻まれた粘土板からは、ザクロは、メソポタミア人が発明した主要な国民的飲料、すなわちビールに加えられたさまざまなフレーバーのひとつだったことがわかる。

ザクロはメソポタミアの物語にも登場する。シュメールの物語には、性行為を象徴する植物や農産物に基づいた寓話が多く、こうした物語にザクロは適役だ。ある物語では、歴史上有名なシュルギ王（紀元前2094〜2047）が、シュメールの豊穣と戦いの女神イナンナ（イシュタルとしても知られている）に、「妹よ、ともにザクロの木のもとへ行きたい。愛しい人よ、私はそこで植えつけたい……」と言い寄っている。(2) 文章はここで途切れていて、シュルギがどのようにしてザクロの種と果汁を女神に与えたかは読者の想像に委ねられている。この近東の伝統は『旧約聖書』にも直接引き継がれていて、「雅歌」の著者は「朝になったらぶどう畑に急ぎ……ざくろのつぼみも開いたか。それから、あなたにわたしの愛をささげます」（7章12節）と、よく似た語りかけをしている。こうした性的な暗示は「雅歌」全体に感じられる。「香り高いぶどう酒を／ざくろの飲み物を差し上げます」（同8章2節）。その後メソポタミアでは、紀元前1000年紀のアッシリア帝国時代でも、ザクロは複数の文献において露骨に性的な内容と結びつけられた。当時の儀式では唱えられた呪文もある。[3] また、メソポタミアの古い文献では、ザクロの果実は神性と強く結びついていて、あるアッシリアの粘土板には、膝がザクロでできている神の姿が描かれている。[4] ザクロがまさに神の一部として表現されているのだ。ザクロとイナンナ（イシュタル）との強い結びつきは、古代の女神の創成に影響を与えたに違いない。

図像学的には、古代メソポタミアの芸術品で、ザクロが描かれているものは比較的少なく性的な像にも使われていない。むしろ、ザクロの果実のパワーは、アッシリアの生命の樹が登場するようなもっと静謐な場面に描かれている。生命の樹のモチーフは、宮殿に施された大規模なレリーフだけでなく、装飾的な小さな印鑑や象牙細工にも使われている。生命の樹が表現している植物の種類については、研究者の間で長い間議論されてきた（一般的にはナツメヤシと考えられている）。しかしながら、神聖な植物の代表格はパルメット［扇状の葉を持つ丈の低いヤシの総称］だとしても、ザクロとしか思えない植物が描かれている場合がある。おごそかに生命の樹に近づいてくる翼を持った7人の賢人（アプカルルとして知られている）が、ザクロの枝を携えた姿で描かれていることもある。繁殖力という含意を持つザクロは、実り豊かな庭園としてアッシリア帝国を象徴するだけでなく、おそらく、ザクロは宮殿に住む人々に取りついたであろう邪悪なものを吸収する、厄除けとしての機能も果たしていたのだろう。

一方、エジプトでは、新王国時代（紀元前16〜11世紀）の始めまで、意外にもザクロはナイル河谷地域に姿を見せていない。しかし、紀元前14世紀に世界各国の積み荷とともに地中海に沈んだ商船、ウルブルンの沈没船からザクロの実が発見されたことは、当時すでに古代の大陸間貿易に、あるいは、おそらく王室への献上品として、ザクロが使われていた証拠と言える。シリアのウガリットで発見された、この時代の青銅製の儀式用三脚テーブルにはザクロの装飾が吊り下げられていて、ザクロが古代世界において、儀式や生贄《いけにえ》、供物と関連を持っていたことを明確に示している。ザクロは、最初はエジプトがパレスチナやシリアを軍事的に征服した際に戦利品として持ち帰ったと考えられ、エジプト第18王朝時代初期のエジプト人にとっての重大事を特徴付けている。ザクロはエジプト人の庭園に斬新な樹木として受け入れられ、序章の冒頭のトリノ・パピルスの引用で強調されているように、エジプト人の美の概念に影響を与えた。最古の医学編集物のひとつである紀元前16世紀エジプトのエーベルス・パピルスに記された治療法にザクロへの言及があり、条虫（サナダムシ）の治療に使われたことがわかる。ザクロはアルカリ値が高く、それが寄生虫の神経系統を麻痺させるので、条虫に対して極めて有効だったと思われる。

ザクロはエジプト美術の巨大な神殿のレリーフにも、小規模な個人の所有物にも登場する。

エジプト人が使った軟膏用の匙《さじ》、紀元前1336〜1327年。

アッシリアの円筒形の印章と、アッシリアの生命の樹が描かれたその印影。ザクロが（一般的なパルメットに代わって）使われている。紀元前850～825年。生命の樹の両側には左右対称に王が立ち、それぞれの後ろには翼のある守護者がいる。アッシリアの最高位の神アッシュールは場面の上部に描かれている。

ブルックリン美術館は、ザクロをモチーフにしたカラフルな大理石の軟膏用の匙を所蔵している。この匙のくぼみの部分は、大きな黄褐色のザクロの形をしている。同じ形のもうひとつのザクロは、回転軸を使ってスライド式に開閉する仕組みになっており、匙のもう一方のくぼみにかぶせると蓋の機能を果たす。匙の柄《え》となる軸からは、ザクロの花や葉、小さな実が出ている。この匙から、エジプト人には植物などの自然の姿を様式化する傾向があったことがわかる。この匙の製作者は、おそらく実際に生えているザクロの木は見たことがなかったのだろう。なぜなら、これは本物のザクロの木ではなく、想像上の姿だからだ。実際のザクロが花と実を同時に付けることはない。

有名なツタンカーメンの墓からも、ザクロを表す品が発見されている。銀の板にザクロの形を打ち出した器で、ザクロの果汁を入れていたのかもしれない。メソポタミアと同様に、ザクロの果汁はアルコール飲料に混ぜて飲まれたが、エジプトでは、ひとつの神話から、ザクロ果汁とビールを混ぜた飲み物に、人類を救うという新しい意味が加わった。その神話とは、ライオンの頭を持つ女神セクメトにまつわるものだ。セクメトは人間の血が好物で、すべての人間を殺戮する計画を立てた。しかし、太陽神ラーがセクメトの蛮行を阻止した。ラーはセクメトの通り道にビールとザクロの果汁を混ぜたものを7000の壺から注いだ。セクメトは赤い液体を血だと思いこみ、あっという間に飲み干してしまった。その結果、泥

アメンホテプ4世の膝の上に座り、娘を抱いている王妃ネフェルティティを描いたアマルナ・レリーフ。紀元前14世紀。王室一家の前には、ザクロを含む果物が盛られた器が置かれている。

酔して殺戮行為を続行できなくなったという。エジプトの多くの墓所からはザクロの形をした壺や魔除け、干したザクロが見つかっているが、それはおそらく、死者の来世への生まれ変わりを期待する象徴として置かれたのだろう。ザクロの果実はすでに現世で人類の命を救っている。それならば、死の世界で救われないことがあるだろうか。

紀元前550〜330年にかけて、エジプト、メソポタミア、それ以外の古代の中近東は、ペルシア帝国の支配下に入った。メトロポリタン美術館が所蔵しているくさび形文字の文献には、賃貸料をザクロで支払った取引の記録があり、ザクロに持続的な価値と人気があったことを立証している。アケメネス朝ペルシアのダレイオス1世は、首都ペルセポリスでの宗教的儀式においてザクロの花を手にした姿を描いたレリーフが残っている。周知の通り、アレクサンドロス大王はペルシア帝国を滅ぼし、この地域をすべて掌握したが、大王が30代前半で早世したあとは、彼に仕えた将軍たちが分割して統治した。所有物に印を押す習慣は当時も行われていて、プトレマイオス朝時代のエジプトの印章には、約3000年を経てはるかに精巧なものになってはいるが、ザクロのモチーフが継続して使われていたことがわかる。

このギリシャ統治の時代ののち、イランにパルティア人の王朝であるアルサケス朝ペルシア（紀元前247〜紀元後224年）が建国された。ザクロはその首都クテシフォンの装

エジプトで発見されたヘレニズム文化のテラコッタ製の印章の印影。中央のかごの中にザクロが描かれている。紀元前2〜1世紀。

飾に目立つ形で使われている。ササン朝ペルシア（224〜651年）のニザマバードの遺跡のレリーフには、翼の付いたザクロが並べて描かれていて、イスラムの意匠に影響を与えたことがわかる。

この時代から残っている多くの銀のプレートには、ササン朝ペルシアの王たちの偉業が描かれている。そのひとつは婚礼らしき場面で、女王の頭を飾る2本の雄羊の角の間にザクロが描かれている。女王は王から、統治者の印である指輪を授けられている。王は、同じく多産の象徴である松かさが付いた王冠を身に付けている。これらのペルシアの王たちはゾロアスター教を信仰していて、その寺院の周囲には伝統的にザクロの木が植えられていた。この宗教は現在も残っていて、ザクロを使う儀式もある。ゾロアスター教の成人式に当

ツタンカーメンの墓から発見された、ザクロの形状をした銀の花瓶。紀元前14世紀。

南インドのニザマバードで発見された、翼のあるザクロを浮き彫りにしたフリーズ。7世紀。

ササン朝ペルシアの銀の皿。6〜7世紀。

たるナオジョテと呼ばれる儀式では、入門者は体と魂を浄めるために、ニラングと呼ばれる聖別された液体をひと口飲むよう求められる。この液体は、昔は雄牛の尿だったが、現在はザクロの果汁が使われている。ペルシアの新年［春分の日に当たる］を祝う儀式ノウルーズでは、水をはったボウルの中にコインを数枚挟んだザクロの実を入れるが、ザクロの小枝を1本入れることもある。コインで飾られたザクロの実は、繁栄、長寿、健康のシンボルとしての役割を果たす。こうした現代のイランの慣習はすべて、古代ペルシア帝国にルーツを持つ。

◉古代の世界

青銅器時代のミノア人とミケーネ（ミュケーナイ）人が築いたエーゲ海文明には、ザクロが表現されている例はわずかしか存在しない。とはいえ、ザクロとケシは形がよく似ていて、どちらも古代には繁殖力を暗示していた。ミノア文明の「ケシの女神像」の「ケシ」の王冠が、ザクロではないと判断できる理由はない。古代ギリシャでザクロに関連した明確な物的証拠が急増するのは、幾何学様式時代が始まってからだ。

紀元前10世紀から8世紀にかけて、全体にジグザグ、三角形、波形、卍（まんじ）、市松など、幾何学模様が施されたザクロの形の壺が、広範な地域で製作されるようになった。地中海東部沿岸のレヴァント地方では、同時代の模様のないザクロの形をした陶器も発見されている。赤みがかった粘度の色は、この果物を表現するのに適している。ギリシャの幾何学模様の壺はろくろを使って作られるが、底に小さな穴が開いていて、儀式の際にはその穴から献酒が注がれる。また、小石を入れて赤ちゃんをあやすガラガラとして使われることもあった。

ギリシャでは、この時期に神話が記録されはじめ、それらの物語では、ザクロの特徴が神のパワーを示すようになった。果実の装飾的な形はアフロディーテの美しさと結び付けられた。血のようなザクロの果汁は、ペルセポネーの信者の間では生と死を象徴するものとされた。また、種の多さから、地母神ヘラが司るとされる結婚にふさわしいシンボルとなった。(5)本物の果実だけでなく粘土製のザクロも、こうした神々にまつわる神聖な場所だけでなく、墓にも供え物(おそらく蔓からぶら下げて)としておかれた。ザクロの形を模した器は、幾何学時代の後は廃れたが、アリュバロス(香水や香油入れとして使われた細い首の付いた球形の器)の標準的な形に影響を与えたと思われる。

ザクロが使われている器の中で一風変わっているのが、サモス島のヘラ神殿で発見されたケルノスだ。紀元前6世紀に作られた珍しい形の器は、円形の筒の周囲に、さまざまな形の小さな壺をいくつか貼り合わせてある。これらの小さな器にはザクロの形をしたものも含まれ、動物（雄牛、甲殻類、カエル、雄羊など）や人間（戦士の姿の男性と主婦らしき女性）の中で唯一の果物として目立っている。ケルノスはさらに古い近東の形式から発展したように見える。このタイプの花瓶の例は、これほど精巧ではない（付属する器はザクロ、雄牛、鳥の3つのみ）が、他にも紀元前9世紀のレヴァント地方の入植地テル・エス＝サフィの遺跡などから出土している。共通するテーマは豊富さと思われ、丸い形からは、欠けていない陶器が世界秩序を表現していることがうかがえる。この器は、儀式用の液体と穀物を混ぜるために使われたのかもしれない。液体や穀物は、それを象徴する小さな器に注ぎこまれ、混ぜ合わされた奇妙な液体は、付属するカップの形をした器から参加者に飲み物として分配された。ザクロの形をした器には、神聖なザクロの果汁が注がれた可能性が高い。

古代の壺に描かれた絵では、しばしば葬儀の場面にザクロが置かれている（ギリシャで発掘された器で、完全な形で残っているもののほとんどが葬儀に関するものだということは頭に入れておく必要がある。死者の副葬品として地中に埋められていたからだ）。赤絵式ペリケ［ふたつの持ち手がある容器］と呼ばれる陶器の壺には、父王アガメムノンの墓の前で嘆き悲しむギリシャ神話の登場人物エレクトラが赤絵で描かれている。墓の前にはいくつか供え物が置かれていて、その中にザクロも含まれている。別の壺では、鎧を着た人物がザクロを

アッティカから出土したザクロの形状をしたテラコッタ製の花瓶。紀元前8世紀。

手渡されているが、ザクロは戦場でこの男性が直面するむごたらしい場面を暗示している。ところが、戦士は右手を挙げ、死を受け入れるのを拒むかのように、差し出されたザクロを辞退しているように見える。

しかしながら、ザクロが登場する壺絵が表現しているのは、死だけではない。家事や婚礼の準備といった儀式の務めを果たしている女性が描かれている絵もある。また、男女がまるで初めて出会ったように見つめ合っている絵の中で、ザクロがしばしばふたりの間に置かれている。翼を持つ神エロスがザクロを持っている姿を描いた壺絵もあり、ザクロを性的欲望の化身と結び付けている。また、壺の様式的な縞模様としてザクロが描かれているものも多い。

ギリシャの墓地の情感あふれる石碑に描かれているのは、ひとりで物思いにふけっているか、あるいは、別れを惜しんで取り乱し、手を差し伸べる最愛の生者たちに別れを告げている死者の姿だ。死者は男女を問わず、しばしばザクロを手にした姿で描かれている。その例としては、イーリオス（トロイア）の美しい王女ポリュクセネーやアテネの政治家メガクレスの石碑がある。紀元前15世紀、トルコのクサントスの遺跡にある「ハーピーの墓」［箱型の大きな墳墓。ハーピー（上半身が女で下半身が怪物）のレリーフが上部に見られる。現在オリジナルはロンドンの大英博物館所蔵］には、椅子に座った女性に向かって行く女性の行列を描い

サモス島のヘラ神殿から発掘されたケルノス。紀元前7世紀。

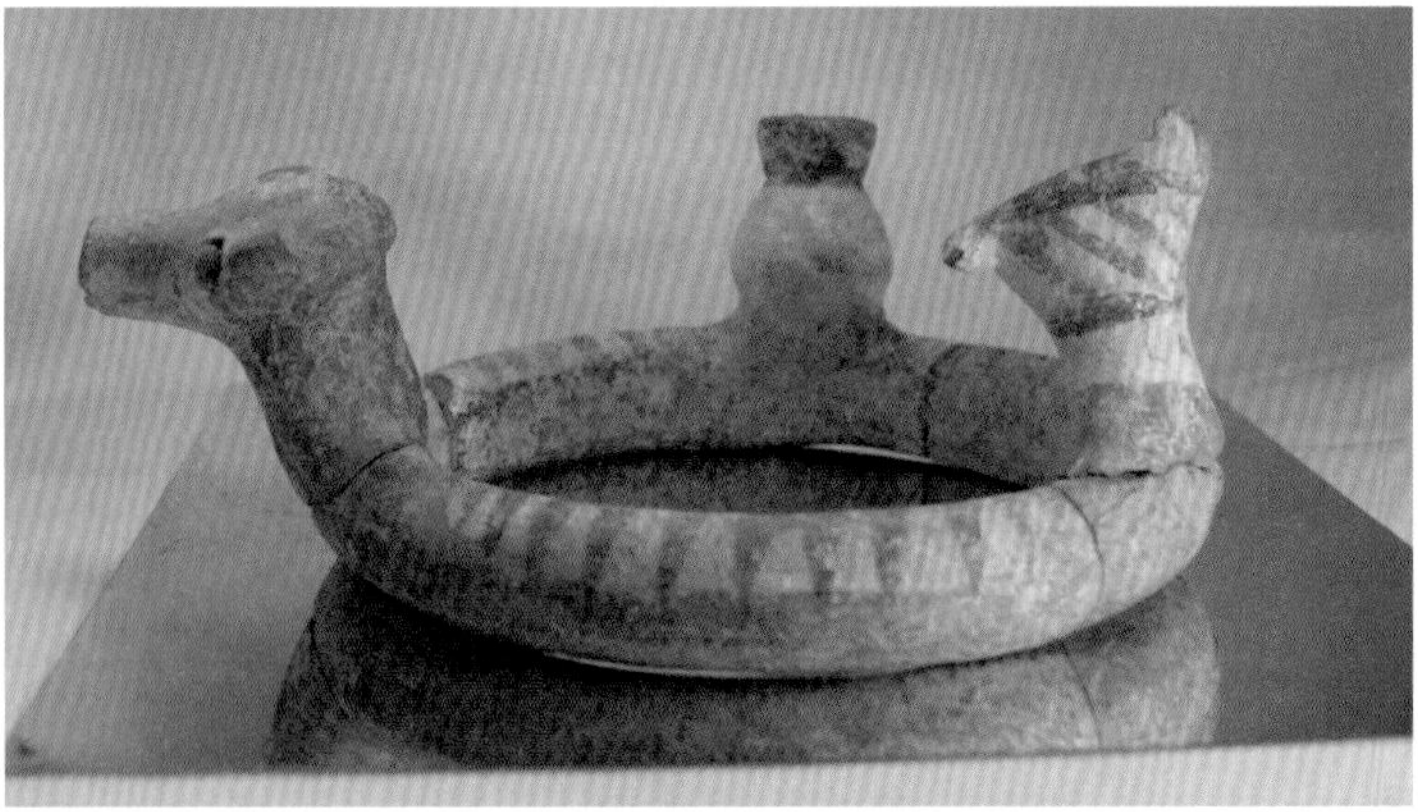

テル・エス＝サフィから発掘されたケルノス。紀元前9世紀。

たフリーズ（古代建築に見られる柱と柱の間の水平方向の幅広い壁面を指す）がある。椅子に座った女性は片手にザクロの実を、もう片方の手にはザクロの花を持ち、花を自分の鼻先にかざしている。行列の女性たちはそれぞれ異なったものを手にしている。ひとりは椅子に座った女性と同じザクロの実と花を持っている。椅子に座った女性は女神のようにも見えるが、生きている家族たちが捧げ物を運んでいるところを描いて、墓に埋葬された人物を英雄的に表現したと考える方が妥当だと思える。このような死の場面とザクロとの強い結びつきからは、ザクロが冥界の象徴と考えられていて、死者の現世から冥界への無事な移行を保証していたことがうかがえる。結局のところ、ザクロを食べて冥界に連れ戻されたペルセポネーも、少なくとも1年のうち数カ月は地上に戻ることを許されていた。

イタリア南部の古代都市パエストゥムにあるルカニア人の墓から発掘された、現存するギリシャのフレスコ画の希少な例の中に、大きな赤いザクロが多数描かれたものが見つかった。横たえられた死体、死者を悼む人々、織物をする女性、農作業、2輪馬車の競走、狩り、戦闘中の戦士、饗宴、伝説上の動物などが描かれた場面に、かなり目立つ形で絵の上部から吊されている。ザクロは葬儀の場面には適しているが、家庭内の仕事や競技大会の場面にどうして描かれているのだろう。ザクロは服喪期間中、故人を追悼するために開催される競技会や饗宴の場に実際に吊り下げられていたのかもしれない。あるいは、人は死んだ後も快適に

赤絵式ペリケと呼ばれる陶器の壺。紀元前4世紀。嘆き悲しむエレクトラの右側には、父王アガメムノンの墓に供えられたザクロが描かれている。

黒絵式アンフォラ［2つの持ち手と長い首が特徴の陶器］。紀元前6世紀。戦士が差し出されたザクロを拒絶している。

クサントスにあるハーピーの墓の西面のフリーズ。トルコ、紀元前5世紀。墓の南面の男性と東面の女性もザクロを持っている。

存在しつづけるという信念を暗示するシンボルとして、こうした場面に描かれたとも考えられる。とするとザクロが采配しているのは現世での行事ではなく、冥界で行われる英雄的な活動ということになる。このような死後の活動において、ザクロは死者を導く不変の存在なのだ。また、ザクロはイタリアの墓の絵にも描かれている。チェルヴェテリにあるさらに古いエトルリア人の墓地遺跡では、装飾的な飾り額にザクロの枝を持つ女性が描かれている。

古代ギリシャの著述家の中には、埋葬された死者への追悼として、墓の上で自在に枝を伸ばしているザクロの木を描写している者もいる。パウサニアスは、英雄メノイケウスの墓の上にザクロの木が生えている様子を書いている。メノイケウスは、伝説によると、彼の命と引き換えにテーベの町は残ると保証した予言を成就させるために自殺した。(6) ザクロの血のような果汁は、町を救ったメノイケウスの犠牲を表している。同様の現象がテーベに埋葬されたふたりの人物の墓でも見られる。ひとりは町を守るために戦い、もうひとりは町を攻撃している間に亡くなった。これはエテオクレスとポリュネイケスの兄弟で、戦闘で相討ちとなって果てた。(7) 復讐の女神フュリーたちは墓にザクロの木を植えた。フィロストラトス著『エイコネス』によると、このザクロはふたつに割れて永遠に血をしたたらせるという。ザクロは現実の物理的空間に、神話的伝承を浸透させるために使われている。

ザクロは古代ギリシャの彫刻にも登場するが、大部分はアルカイック期(紀元前8世紀か

赤絵式円柱型クラテール［ワインと水を混ぜるのに使われた大型の甕］。紀元前4世紀。腰にザクロを付けた愛の神エロスが女性に近づいている。

ら480年）のもので、コレー［ギリシャ語で「若い娘」を意味し、この時代に作られた女性の着衣立像を指す］が手にザクロを持つ彫刻が散見される。こうした像は、髪を編み、ひだのあるゆったりした衣装を身につけた若い娘を表現している。神聖な場所を背景としているのが最も一般的で、通常は花、果物、鳥などの供え物を手に持っている。ザクロを持っている例もあり、中でも有名なのは「ベルリンの女神」で、蕚を正面に向けて、ザクロを横向きに持っている。コレー像は一種の広告としての役割も果たしていた。神への奉納と見せかけて、その家族の娘を披露し、称賛している。こうした彫刻は肖像ではなく、理想の姿を表現していた。花嫁にふさわしい娘がいることを示して、他の上流家庭と婚姻関係を結ぶための手段として使われたのだ。ザクロの属性によって、娘の美しさと結婚相手としての望ましさは、倍加されたことだろう。

古代世界の大部分の彫刻と同様に、これらの像も当時は鮮やかに彩色されていたと思われる。アテネのアクロポリス美術館所蔵の頭部が失われたコレー像（Acr. 593）は胸にザクロを抱えているが、そのザクロに鮮やかな赤色顔料が残っている。また、コレー像は墓標として使われることもあった。ザクロを持ったコレー像は、若くして亡くなった娘を、ペルセポネーに似た姿で描いたものとも考えられる。フラシクレイアという名の娘を描いたコレー像は、ザクロの種衣をひとつ持ち、果実の形をしたビーズの付いた首飾りをしている。胸が痛

ザクロと犬が描かれたルカニア人の墓の細部。

むような墓碑銘からは、この娘が実を結ぶ機会を得る前に命を落としたことが読み取れる。「フラシクレイアの墓標。私は永遠に乙女と呼ばれるであろう。結婚と引き換えに神からこの名を授けられた[8]」。

しかしながら、ザクロを持っているのは女性の像だけではない。古代ギリシャの名高いレスリング選手クロトンのミロンは、ザクロを持った自分の像をオリンピアに建てた[9]。このことは、女神ヘラの指導者としてのミロンの地位を反映している。また、彼はザクロをつかみ、競争相手が彼の手からもぎ取ろうとするのに抗いつつ、ふたつに割れるのを防いだという伝説も広まっている。

ホメロスは『オデュッセイア』で、伝説上の地中海東部の王アルキノオスが、庭園にザクロの木を植えていたと回想している[10]。これは、ギリシャ人の著述家が東方への関心を書物に記した最初の例で、こうした書物の中には、非ギリシャ世界の構築にザクロを利用しているものもある。これらの古代の歴史家は、東方の贅沢さを退廃的で女々しいと見なし、軟弱な国には軟弱な男しか育たないと考えていた。

歴史の父と呼ばれるヘロドトスは、ペルシア軍の「不死隊」と呼ばれた有名な定員1万人の精鋭部隊（「不死隊」という名は、兵士が殺されたり、傷を負ったり、病気になったりすると、すぐに新しい兵士と入れ替えたため、常に定員を維持していたことから付けられた）

戦いに勝利した武将を描いたルカニア人の墓、武将の周囲にザクロが吊されている。紀元前5世紀。

が、先端を尖らせる代わりに、金または銀のザクロを付けた槍を携帯していたと書いている。[11] これは富をひけらかすためのもので、戦場には実用的ではないように思える。種が多く、東方が原産のザクロは、広大で他民族国家のペルシア帝国を象徴するものとして用いられている。ヘロドトスは、アケメネス朝のダレイオス1世が最も忠実な臣下を称賛する場面でザクロを使っている。ダレイオス1世が座ってザクロを食べていると、ザクロの種ほどたくさん所有したいものは何かと尋ねられる。王は最も信頼する司令官に敬意を払い、「メガバテスのような男だ」と答える。[12] 同様に、帝政ローマ時代のギリシャ人著述家プルタルコスは、アケメネス朝ペルシアの王アルタクセルクセス2世が、ザクロを1個献上した男を称賛して、「英雄神ミスラにかけて、この男に町を任せたら、小さな町でもたちまち大きくするだろう」と言ったと書いている。[13] ここでは小さなザクロの果実が大きな都市と同等に扱われている。内部に大量の種を宿していることで、ザクロは実際の大きさをはるかに超える存在感を獲得している。

ザクロはギリシャの医療においても重宝されていた。医学の父と呼ばれるヒポクラテスは、眼の感染症やつわり、消化機能の改善など、多くの症状の改善にザクロを勧めた。古代ローマ時代後半には、大プリニウスもザクロの効能に気づき、サソリに刺された傷からてんかんまで、ザクロを使った治療法を記録している。[14] また、大プリニウスはザクロの外皮を燃やし

キプロス島のザクロのランプ。1世紀。

てブヨよけに使ったり、粉に挽いてローマの香水の原料にしたりしたとも記録している。ザクロはカルタゴからローマに伝わったと言われていて、そのためローマ人からは「マーラ・プニカ」（カルタゴのリンゴ）と呼ばれていた。古代ローマの美術でザクロが最もよく見られるのは、豊富さを表すリースの果物のひとつとしてである。このようなリースは、有名なアラ・パキス・アウグスタエ（アウグストゥスの平和の祭壇）を始め、墓や祭壇の両脇から数多く見つかっている。また、キプロス島から伝わったモチーフが示すように、ザクロはローマ帝国やはるか東方のイスラエルでも、陶器製のオイルランプの図柄にも使われている。

古代ローマ時代後半になっても、ザクロと女神の強い結びつきは残っていた。6世紀になると、ローマにはキリスト教が広く浸透していたが、エジプトからもたらされた羊毛と麻糸で織られたビザンチン様式のタペストリーには、異教のテーマが描かれている。これはギリシャ神話に出てくるかまどの女神ヘスティアだ。このタペストリーでは、女神ヘスティアはザクロの頭飾りと耳飾りを付け、ポリオルボス（「祝福に満ちた」の意）としての役割を強調している。多くの種を内包しているザクロは、この豊かさを象徴する女神にいかにもふさわしい。ヘスティアがザクロに託して放つ祝福は、富、繁栄、卓越といった美点を表している。エジプトにあるアパ・アポロ修道院のビザンチン様式のアーチはほぼ同時代のものだが、やはり豊かさの象徴として、アーチに沿って伸びる蔓《つる》の上にザクロが描かれている。テーマ

ビザンチン様式のヘスティアのタペストリー。6世紀にエジプトで製作。

は古典的だが、ヘスティアのタペストリーとは違って、背景となっているのはあくまでキリスト教だ。古代後半の時代において、ザクロはビザンチン宮廷で重要な役割を果たすようになったのだろう。皇后の婚礼や戴冠式での儀式的な行列には、宝石がちりばめられた3個の大理石でできたザクロを捧げ持つ高官が皇后に随伴した(15)。

現代のギリシャでも、ザクロの象徴的価値はきわめて高く、古代の思想や伝統がいかに永続的であるかを示している。そのため、地中海沿岸地域では、ザクロは現在も織物や陶器だけでなく、家々の装飾的モチーフとして好んで使用されている。歴史家エフティミオス・G・ラゾンガスは、ギリシャの港湾都市エピダウロスの地域的伝統として、「農民は繁栄が実現されることを願って、鋤《すき》の刃でザクロを割り、種を穀物と混ぜ合わせて地面に播く」と書いている(16)。ザクロは今日のギリシャにおいても葬祭的意味合いを残していて、死者を追悼する儀式で供されるコリヴァという料理に使われる。コリヴァとは、小麦を蒸した甘い料理で、ザクロの種衣が入っている。また、ギリシャ式の婚礼のあとの伝統的な儀式として、末永く実り多い結婚生活を祈って、清めたザクロを新婚夫婦の家の戸口で割る。この儀式は、新しい家を買ったときや新年を迎えるときのような転換期にも行われることがある。

第3章◉ユダヤ教とイスラム教のザクロ

上着の裾の回りには、青、紫、および緋色の毛糸で作ったざくろの飾りを付け、その間に金の鈴を付ける。金の鈴の次にざくろの飾り、金の鈴の次にざくろの飾りと、上着の裾の回りに付ける。

旧約聖書「出エジプト記」28章33-34節

◉古代と現代のユダヤ教におけるザクロ

右記は旧約聖書の「出エジプト記」からの引用で、古代イスラエル人の神が、大祭司の装束の作り方を命じているところが記録されている。ザクロはこの装束に目立つ形で使われている。だが、なぜ多神教の豊穣の儀式に深く根ざした果物が、男性一神教の神を崇拝する祭司の衣装を飾ることになったのだろう。おそらくザクロは、生贄《いけにえ》を象徴しているのだろう。

ザクロは供物の血を優雅に表現し、鈴（これもザクロの花の形）は宗教的体験の際に鳴る音を思い起こさせる。結局のところ、ザクロという植物は、それまでにも生贄に関して重要な役割を果たしていた。ザクロの枝は伝統的にユダヤ教の過越し祭で、供物をあぶり焼きにするときの焼き串として使われていた。(1)

また、ザクロ柄の装束は、ユダヤ人の伝統を愛国の情を込めて表現したものとも考えられる。なぜなら、旧約聖書「申命記」8章8節には、ザクロは「イスラエルの地」に実る植物のひとつと明記してあるからだ。また、「約束の地」が豊かな土地であることを示すために、偵察隊はモーゼにザクロを持ち帰った。さらに、イスラエル王国の最初の王サウルが厳しい日差しを避けるために日陰を見つけたのも、ザクロの木の下だった（「サムエル記上」14章2節）。こうしてザクロは、ユダヤ人のアイデンティティーや体験と密接に結びつくようになった。『ミドラーシュ』〔紀元500年以前に最初に編さんされたユダヤ教聖典の注釈書〕には「このように、イスラエルはエジプトでは石塚として……エジプトから出ると、ザクロの果樹園のように存在した。イスラエルを尊重していた時代、人々はいつも称賛された」と書かれている。(2)ヘブライ語聖書には、聖地のアイン・リモン（ザクロの春）やセラ・リモン（ザクロの石）など、ザクロに因んで名付けられた多くの地名が引用されている。古代ユダヤ人の文化では、ザクロの木が枯れるのは不吉なことが起こる前兆で、神が悲しんでいると考え

今日リモニムと呼ばれるトーラーカバーの先端の飾りにはさまざまな形のものが見られるが、このイツァーク・ルーヴェション作のリモニムには、伝統的なザクロの形が使われている。

られた[3]。今日では、ザクロはさまざまなユダヤ風アートの人気のモチーフとして、宝飾品や日用品から、メズーザーと呼ばれる家の戸口に貼る祈禱文が書かれた羊皮紙（またはそれを入れる箱）にまで登場する。

ユダヤ教の伝承では、ザクロは正義、知識、英知の象徴だと教えている。ザクロには613個の種があり、それぞれがトーラー［ユダヤ教の聖書のうちモーセ五書を指す］の613のミツワー（戒律）を表していると言われるからだ。トーラーの巻物には、伝統的にリモニム[4]と呼ばれる、通常は銀製の2個のザクロの形をしたフィニアル［先端部の装飾］が付いていて、巻物が使用されないときは木製のハンドルの上に置かれる。ユダヤ教の新年に当たるローシュ・ハッシャーナーには、ザクロを食べる習慣があるが、それは学究的な性質のためだけでなく、ザクロが新年の生産性を保証するものでもあるからだろう。このとき、ザクロに向かって「主よ、神よ、父なる神よ、みこころのままに、私たちの善行がザクロの種のように増えますように」という祈りが唱えられる。

また、ザクロは、樹木と環境保護を称えるトゥ・ビシュヴァット（樹木の新年）の祝祭に使われる果物のひとつでもある。ユダヤ教の律法、道徳、習慣がまとめられたタルムードには、「たとえ頭は空っぽでも、ザクロの実に種が詰まっているように、多くの善行を積むことができる[5]」と書かれている。また、タルムードにはザクロの夢判断への助言も書かれてい

6世紀のマオン・シナゴーグを飾るモザイクの細部。

る。「アビヤとラバが熟しつつあるザクロの夢を見た。アビヤは夢をこう解釈した――汝の取引はザクロのように繁栄するだろう（ザクロの種のように実入りが多くなるだろう）[6]。

ユダヤ人医師ラビ・シャベタイ・ドノロは、医療におけるザクロの重要性について記し、喉頭炎の治療法として、ザクロの果汁とワインを混ぜた液でのうがいを勧めた。また、耳痛の治療には、干したザクロの皮を細かくつぶしたものに水を加え、その液を痛む耳に注ぐとよいと書いている。

ザクロはユダヤ「イスラエル南部とヨルダン南西部にあたる、古代パレスチナ南部の地名」の古代の硬貨にも描かれている。これは、通貨に聖なるシンボルとしてザクロが描かれている数少ない例のひとつで、「王冠のような（蕚が付いた）」果実が王冠を戴いた支配者の頭上に描かれている。ソロモン王は実際に、王冠に似たザクロの蕚を基に自分の王冠をデザインさせたと言われている。近代国家となったイスラエルでは、今も硬貨や切手にザクロが使われている。

現代において、とりわけ議論を巻き起こしているのは、聖書時代のイスラエルに起源を持つ、カバの牙で作られたひとつのザクロだ。高さ44ミリのザクロの果実の首の周囲には、ヘブライ語で「ヤハウェの家に属する、祭司に聖なるものを」という銘文が刻まれている。そのため、このザクロは、元々はソロモン王の神殿に居住していた大祭司が持つ杖に付いていていたものではないかと考えられてきた。ソロモン王の神殿は装飾にザクロを多用したと言われているからだ。聖書の記述によると、神聖な場所への入り口を示す青銅製の２本の柱――ボアズとヤキンと呼ばれる――には、２００個のザクロが描かれていたという。このカバの牙で作られたザクロの起源はまだ解明されていないが、紀元前13世紀の工芸品と考えるのが通説となっている。カバの牙で作られた同じような様式のザクロは、イスラエルのラキシュの遺跡やキプロス島の墓所で発見されているが、銘文は入っていない。現在も議論の的になっているのはこのザクロに刻まれた銘文で、本物の工芸品に、近代になってから銘文だけ加えたのではないかと考えられている。歴史家メアリー・アブラムは、この問題を最も適切に総括している。「本物と認められた銘文によって、当時の神殿でこの銘文が使用されていたことが確認されたとしても、偽造者と考えられる人物が、すでに古色蒼然としていたザクロに細工をして神殿の工芸品のように見せかけたという事実は、ザクロが（たとえ犯罪者によってであれ）聖なる象徴と認識されていたことを実証する……ザクロほど感覚的快楽、大地の季節的なサイクル、世俗的な王の権力、そして神聖さという多様な要素をうまく結びつける果物はない[7]」。考古学的観点からすると、ザクロがユダヤ教の古代のシナゴーグ、特にカペナウム、ハマット・ティベリア、ベト・アルファ、マオンのレリーフやモザイクに描かれているのは、この理由による。

いくつかの学派では、エデンの園の禁断の果実はザクロだと考えられている。確かに、旧約聖書の「雅歌」の一節の、退廃的で官能的な美を表現するのに最もふさわしい果物はザクロだ。語り手は恋人を「ベールの奥に隠れたあなたの頬は、半分に割ったザクロのようだ」とほめそやす。タルムードには、ザクロを誘惑と結びつけた物語がある。(8) この物語の主人公は、ラビ・キイア・ベン・アッバという敬虔な男性で、彼は毎日誘惑からの解放を求めて祈っていた。彼の妻はその祈りを耳にして、彼は何年もの間妻との性的関係を控えていたのに、なぜそのように祈るのだろうといぶかしく思った。夫を試してみようと思い立ち、注意を引くために売春婦に変装して、ラビの前を行ったり来たりした。そして、「私を自分のものにしたいなら、ザクロの木の一番高い枝になっている実を取ってきてください」と告げた。ラビはすぐにその木に登り、ザクロの実を取って、彼女に渡した。そこでついに、妻は正体を明かした。誘惑に負けたことを恥じたラビは、その後断食を続けて亡くなった。この物語ではザクロは破戒の象徴として使われ、祈りの生活を続けていたラビが、肉体的な誘惑に心が動く瞬間を際立たせている。

スーサから出土した鋳型で作られた陶器。イラン、7〜8世紀。

イランで発掘された青銅製の水差し。11世紀。

◉イスラム教におけるザクロ

イスラム教の伝統からは、ユダヤ教と同様に、ザクロに対する崇敬が感じられる。ザクロの実を食べると心が浄化されてヌール（光）で満たされ、その結果罪から解放されて40日間サタンの誘惑を撃退できると考えられている。

イスラム教では神やムハンマドを始めとする宗教的重要人物を肖像画にすることが禁止されているため、宗教的な美術や建築物には自然を様式化した図像が使われており、ザクロもよく目にする図柄だ。ザクロは文献の装飾的な縁飾りに用いられるだけでなく、イスラムの器の図柄にもよく使われている。ザクロはさまざまなタイプのイスラムの陶器に描かれているが、その様式は3つのまったく異なるタイプの器の実例に示されていて、どれにもザクロのモチーフが使われている。イスラムの器でよく見られるのは青銅製の水差しだ。球形の銅、管状の首、玉状の飾りが付いたほっそりした持ち手が特徴で、持ち手の一番上の、親指で押す部分がザクロの形になっている。また、白地に青の釉薬をかけたイスラムの陶器やタイルにも、ザクロが描かれているものが多い。3つ目は、鋳型で作られた珍しい器で、上部にはクルアーン（コーラン）の詩句が一列に並び、その下に枝を伸ばしたザクロの木を描いた浮き彫りの模様がある。

中央にザクロのモチーフが描かれた青と白の陶器の鉢。イラン、1500年頃。

ザクロはまた、中東の織物の図柄としても人気があり、衣服にも敷物にもよく見かける。ザクロが尊重されるようになった理由は、おそらくハディース［預言者ムハンマドの言行録］に、預言者ムハンマドが信者に対して、「天国《ヤンナー》のザクロの種を宿していないザクロはひとつもない(9)」、すなわち、どのザクロも天から授けられた種衣を包含していると告げたと記されているからだろう。そのため、ラマダン期間中のスフールと呼ばれる日の出前の食事にザクロの種衣を食べるのは、正しい断食の迎え方だと考えられている。

ユダヤ教と同じようにイスラム教も、ザクロに危険で誘惑的という属性を与えている。ザクロの非道徳的な効力は、8世紀のカリフ［イスラム共同体の最高権威者］であるヤズィード2世に関する寓話に見られる。歌の上手い少女の奴隷ハバーバをことのほか気に入ったカリフは、娘とふたりきりで閉じこもり、周囲の者には邪魔をしないよう命じた。ふたりは1日おいしいものを食べて過ごしたが、そのうちハバーバは、カリフがふざけて娘の口に放りこんだザクロの種を喉に詰まらせて死んでしまう。アブド・アル・マジッド・イブン・アブダンが改作した物語では、ザクロの種は「前もって定められた運命」だったことになっている。ヤズィード2世は悲しみに打ちひしがれ、数日後に亡くなった。彼は身分の低い娘とともに過ごすことを選び、カリフとしての義務を放棄したわけだが、誘惑的な性質を持つザクロは、カリフが身を滅ぼすのにふさわしい道具となった。

シルクロードの都市カシュガルで見つかったイスラムの絨毯。18〜19世紀。

預言者ムハンマドは妊娠中の女性に、美しい子供を望むならザクロを食べるよう勧めたが、ハディースの編纂者アラマー・マジュリスィーに関する逸話には、ザクロは適切な土地で採れたものでなければならないと記されている。マジュリスィーは子供のころ、父親にモスクに連れて行かれた。父親がモスクの中で祈っている間、少年だったマジュリスィーは中庭にいた。祈りを終えた父親は、息子がモスクの皮袋に針を突き刺したため、入っていた水がすべてこぼれ出てしまったのを知った。息子の行いについて聞いた母親は、腹を立てている父親に、この出来事がどうして起こったかを説明した。数年前、母親が息子を身ごもっていたときに近所の家に出かけると、そこにはザクロの木があった。母親は実をひとつ取って針で穴を開け、果汁を吸った。この行動が今回のモスクの出来事を引き起こしたというのだ。イスラム教でもユダヤ教でも、ザクロは強力な前兆となる可能性を秘めているようだ。

第4章◉中世のザクロ

ばか言え、イタリアでザクロの種を一粒盗んでぶたれやがったくせに。おまえは浮浪者だ、真の世界漫遊家ではない。

ウィリアム・シェイクスピア著『終わりよければすべてよし』(小田島雄志訳、白水社、1983年)、第2幕第3場のラフューのせりふ

ザクロの伝播は、十字軍から多大な恩恵を受けた。多くの騎士が帰国の際に、ヨーロッパ各国へザクロを持ち帰ったからだ。必要に迫られて、それぞれの郷土料理にザクロを使った新しい料理が考案された。14世紀のオック語［フランス南部の一部で使われる諸言語の総称］で書かれた料理書『旅行の携帯食とソースの作り方 *Modus viaticorum preparandorum et salsarum*』には、レイモニア(raymonia)と呼ばれる料理のレシピが載っている。中英語

［1100～1500年頃の英語］で書かれた貴族階級向けの料理本『料理の方法 *The Forme of Cury*』にも掲載されたことから、かなり人気の高いレシピだったと思われる。作り方は以下のようなものだ。

レイモニアを作りたいなら、めんどりを用意し、塩漬け肉と一緒にゆでる。加熱処理されていないアーモンドをぬるま湯で洗ってから細かく挽き、めんどりをゆでたスープに混ぜて煮て、裏ごしする。その後、スープにザクロの果汁またはザクロのワインを加えて沸騰させ、適量の砂糖を加える。(1)

このレシピはアラビア料理ルマニヤ（rummaniya）の改訂版で、鶏肉のスープにザクロの果汁と細かく挽いたアーモンド、砂糖を加えたものだ。だが、中世においてヨーロッパに取り入れられ、適用されたのはレシピだけではなかった。古代の概念を使って、ザクロをめぐり新しい、強力な象徴が創り出されたのだ。

中世のキリスト教世界が、古代の先人から多くの異教的特性を取り入れ、利用したために、ザクロはペルセポネーの神話に由来する、同じ信念体系を保持することになった。だが、ザクロは毎年繰り返す穀物の再生のシンボルというより、キリストの復活、さらにはその信者

イングランド南部ヒントン・セント・メアリーで出土した中央にイエス・キリスト、その両脇にザクロが描かれた円形のモザイク画。

の復活と関連付けられるようになった。イングランド南部のドーセット州ヒントン・セント・メアリーで発見されたモザイク画では、中央に描かれたイエスの半身像は、キー・ロー［「キリスト」を表すギリシャ語の最初2文字X（キー）とP（ロー）を組み合わせたモノグラム］のシンボルと2個のザクロを使って、慣例的とは言えない光背を形作っている。これは4世紀のローマ人の別荘跡で見つかったもので、イギリスにおける最も初期のキリストの像である。当時キリスト教に改宗したばかりのローマ人からすると、ザクロは即座に再生というイメージを呼び起こしたことだろう。

ひとつの外皮の中で守られている多数のザクロの種は、やがて信仰によってひとつにまとまっているキリスト教徒そのものを象徴するようになった。ザクロとその象徴性は、その後の聖像や宗教画にも引き継がれた。幼いイエスを抱く聖母マリアというよく見られる場面の中では、どちらかが半分に割ったザクロを持った姿で描かれていたり、ふたりの上にザクロの種が降り注いでいたりする。最も有名なのは、イタリアのルネッサンス期の巨匠サンドロ・ボッティチェッリが描いた聖母子像だ。割れたザクロから種が見えているが、これは墓からよみがえったキリストになぞらえたものだ。同じ描写は14世紀の象牙製の作品の中にも見いだせる。トリプティク［中世に祭壇画として制作された3連からなる絵画や浮き彫り］の中央に描かれたキリストの磔刑のパネルからザクロが枝を伸ばし、復活を予兆している。

サンドロ・ボッティチェッリ、『ザクロの聖母』。1487年、板上のテンペラ画。

14世紀のキリストの受難を描いた象牙製のトリプティクでは、頂上に3個のザクロが置かれている。割れた真ん中のザクロの実から多数の種が飛び出し、それが象牙の浮き彫りの中で装飾的な境界線を形成している。

オランダ南部で作られた一角獣のタペストリー。15世紀。傷ついた一角獣がザクロの木につながれ、血の代わりにザクロの種を滴らせている。木の枝からぶら下がったAとEの文字の意味は不明だが、新郎新婦の名前のイニシャルではないかと考えられている。

『ゲオーポニカ』は10世紀のビザンチン文化の農地開拓に関する百科事典だが、これに当時のザクロに関する記述がある。それは、古代のアフリカ人はザクロの枝は強いパワーを発しているため、野生の獣はザクロの木を恐れて近づかないと信じていたというものだ。それで、『ゲオーポニカ』の著者は、家族を守るために家の入り口にザクロの枝を置くことを勧めている。この考えは、古代ローマ人の信念に基づいており、プリニウスは『博物誌』に、ザクロの枝はヘビを追い払うと書いている(2)。

ザクロが影響を与えた神話上の動物のひとつに一角獣があり、中世の美術においてキリストの神話上のシンボルとして普及した。一角獣はその純潔さで知られ、処女だけが捕まえることができ、捕まえた後はザクロの木につないで飼い慣らすことができた。15世紀オランダのタペストリーの図柄に、傷ついた一角獣がザクロの木につながれて血の代わりにザクロの種を滴らせているものがある。その突き出た角ですでに示されている生殖能力が、ザクロによってさらに強調されている。結婚の象徴である一角獣がザクロの木につながれ、その赤い種を滴らせているというイメージは、婚礼用寝具のシーツの寓喩《ぐうゆ》となっている。

12世紀の歴史家マームズベリのウィリアムは、中世の人々の死に様を記録することに大きな関心を持っていた。彼が語る逸話の中でも群を抜いて奇妙な話の中に、ザクロが愉快なイメージで使われている。ウィリアムによると、アジアでは人がヒョウに咬まれると、ネズミ

サン・マルコ大聖堂の前に建つピラストリ・アクリタニ。元々はコンスタチノープルの聖ポリエウクトゥス教会の一部だった。

の集団がやってきてその傷に尿をかけその人は死んでしまうという話が、「よく知られている」そうだ。ある男性がヒョウに咬まれ、陸地にいると助からないと思い、船で沖に出ていかりを下ろした。すると、数千匹のネズミが、「中身を食べ、空っぽになった外皮の船に乗り」、列をなして犠牲者のもとへやってきたが、海に沈んでしまったという。(3) ザクロの外皮が船と結びついている例はこれだけではない。ずっと時代が下って19世紀のことだが、考古学者サー・オースティン・ヘンリー・レヤードは、西アジアの遺跡の調査中に、チグリス川のいかだ乗りたちが、いかだの組み立てに使う革の柔らかさを保つために、ザクロの外皮でこすっているのを観察している。(4) ウィリアムの物語は、おそらくザクロの外皮を浮力に応用する技術を参考にしたと思われるが、この技術はかなり昔から実践されていた可能性が高い。

ザクロは中世の建築にも登場する。種子の多さから、教会の意匠において聖母マリアを喚起させるのにふさわしいシンボルとされた。建築の例では、現在ヴェネツィアのサン・マルコ広場にあるピラストリ・アクリタニがこれに当たる。2本の柱には、左右対称にザクロの木を模した彫刻が施され、それぞれの上部には壺から伸びた枝に果実がひとつ描かれている。この柱は13世紀のイスラエルのアクレにおける戦いで、ヴェネツィア人がジェノヴァ人に勝利した戦勝記念碑だと昔から考えられていた。ところが、1960年にトルコのイスタンブールで6世紀に建てられた聖ポリエウクトゥス教会が発見されると、この説は間違いだっ

ブルゴーニュの十字架とハプスブルク家の火打鉄の中央という目立つ位置にザクロを配した王家の紋章。16世紀スペイン、グラナダのアルハンブラ宮殿のカルロス5世宮殿。

グラナダの下水口のマンホールの蓋。スペイン。

グラナダの道路標識。スペイン。

グラナダの車止めの杭《ボラード》。スペイン。

グラナダのザクロの噴水。スペイン。

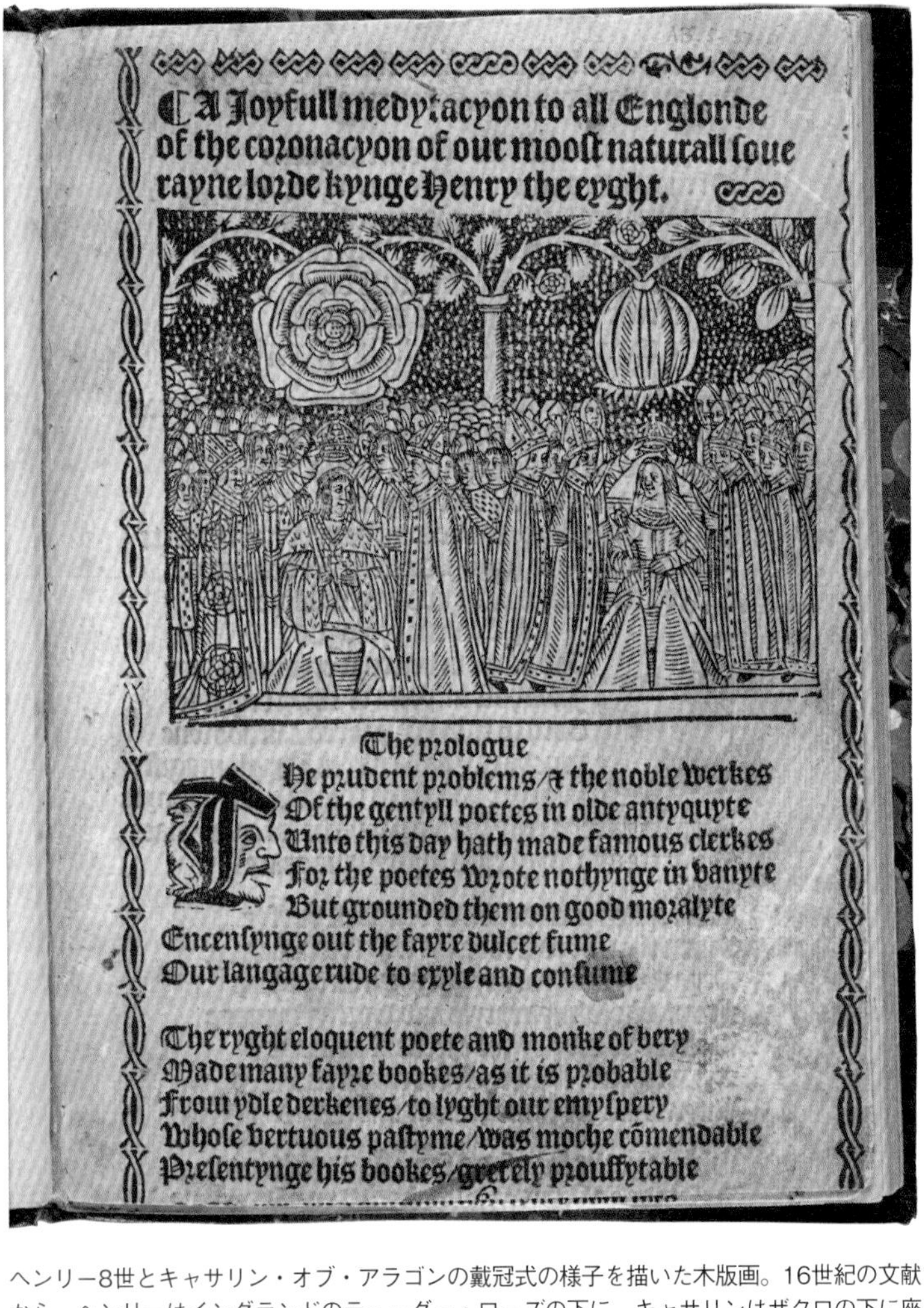

A Joyfull medytacyon to all Englonde
of the coronacyon of our moost naturall soue
rayne lorde kynge Henry the eyght.

The prologue

The prudent problems/& the noble werkes
Of the gentyll poetes in olde antyquyte
Unto this day hath made famous clerkes
For the poetes wrote nothynge in vanyte
But grounded them on good moralyte
Encensynge out the fayre dulcet fume
Our langage rude to exyle and consume

The ryght eloquent poete and monke of bery
Made many fayre bookes/as it is probable
From ydle derkenes/to lyght our emyspery
Whose vertuous pastyme/was moche cõmendable
Presentynge his bookes/gretely prouffytable

ヘンリー8世とキャサリン・オブ・アラゴンの戴冠式の様子を描いた木版画。16世紀の文献から。ヘンリーはイングランドのテューダー・ローズの下に、キャサリンはザクロの下に座っている。

たことが証明された。聖ポリエウクトゥス教会にも同じ様式の特徴が見られたのだ。では、どうやってヴェネツィアまで運ばれたのか？　おそらく2本の柱は、1204年に第4回十字軍がコンスタンチノープルを奪回したあと、戦利品の一部として持ち帰られたのだろう。元々この柱が建っていた聖ポリエウクトゥス教会はユスティヌス1世の治世に建立され、王女アニキア・ユリアナに捧げられた。その建築意匠にザクロが多用されたのは、おそらく王女の女性性を賛美したものだろう。また、ピラストリ・アクリタニの彫刻は、第3章で取り上げたように、ザクロが目立つ形で使われていたソロモン王の神殿を想起させる。

　中世の多くの有名な像では、ザクロはメッセージを伝えるために使われた。カスティーリャ女王イサベル1世は、1492年にグラナダ王国を征服（その後に紋章にザクロを加えた）すると、手にザクロを持って立ち、「このザクロのように、私はアンダルシアをひと粒ひと粒征服します」と宣言したと伝えられている。[5] 言うまでもなく、グラナダはスペインのムーア人［中世のマグレブ、イベリア半島、シチリア、マルタに住んでいたイスラム教徒］の都市で、スペイン語でザクロを意味する単語から名付けられた。中世から今日まで、ザクロはこの町の建築に、目立つ形で使われている。この町を散策する旅行者たちは、道路標識、マンホールの蓋、教会の信者席、噴水、車止め《ボラード》の杭、フェンスの忍び返し、あるいは、多くの店のロゴに、ザクロが現代的に表現されていることに、すぐに気づくだろう。グラナダで有名なア

「エリザベス・ブーリンの刺繡、1530年頃（実在したかどうか定かではない架空の刺繡）」。2003年に現代アーティストのスキー・ベストが作成し、あえてダメージを与え、復元したという作品で、本物の昔の工芸品であるかのように展示されている。

ルハンブラ宮殿の門の上には、「平和と豊かさ」を表現した寓話的な像の傍に、3個の割れたザクロが置かれている。グラナダの紋章にもザクロが含まれている。

ザクロはイサベル1世の娘でイングランド王ヘンリー8世の最初の妻となる、キャサリン・オブ・アラゴン（1485～1536）の紋章になった。ザクロはこの時代に王妃を通してイングランドに伝わり、図像ではしばしばテューダー・ローズと組み合わされている。[6] また、ザクロはキャサリンとヘンリーの婚礼を祝う行事の間も、果物に金粉を塗った飾りを始め、目立つ形で使われた。イングランドとスペインの団結を示すために、あちこちにバラとザクロが並べて植えられたという。[7] だが、ザクロはキャサリンに多産をもたらすことはできなかった。ヘンリーとキャサリンに嫡男が授からないと判明すると、イングランド王はキャサリンを離縁させ、ヘンリーに新しい王妃アン・ブーリンを娶らせた。だが、今日でも国民はキャサリンに敬意を表し、ピーターバラ大聖堂にある彼女の墓には花やザクロを供えている。

アン・ブーリンはイングランド王妃になると、白いハヤブサにテューダー・ローズをあしらった新しい紋章を使いはじめた。アンを表すハヤブサが、キャサリンを表すザクロをついばんでいるところが描かれているものもある（例えば、アンが所有していた楽譜集『モテットとシャンソン *Motets et Chansons*』の4ページの挿絵）。この挿絵に触発されて、現代アー

ロバート・ピーク・ザ・エルダー、メアリー・クロプトンとされているザクロ模様のドレスを着た女性の肖像画。16世紀。

アルブレヒト・デューラーが描いたザクロを宝珠のように手に持つ神聖ローマ帝国皇帝マクシミリアン1世の肖像画。1519年。

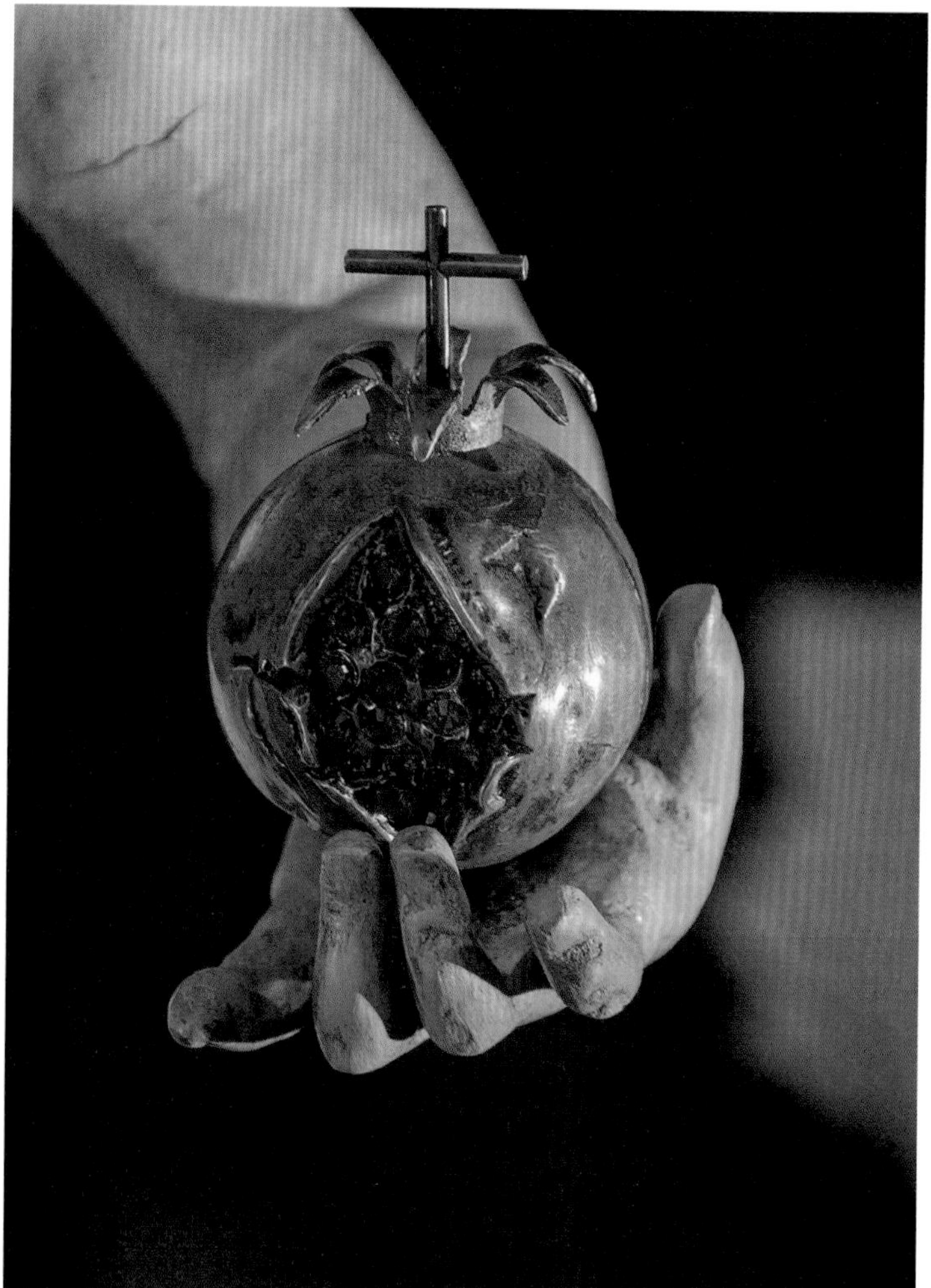

スペインのグラナダにある聖ヨハネ・ア・デオの像は、彼の象徴であるザクロを手に持っている。

ティストのスキー・ベストは、絹糸とメタリック・スレッド［金属繊維で作った糸、または金属の薄い箔でコーティングされた糸］でザクロをついばんでいるアンのハヤブサを描いた刺繍を創作した。ベストは、この刺繍はアンの母親エリザベス・ブーリンの所有物を複製したものだと述べている。キャサリンに対するアンの感情が凝縮されたものとして、この刺繍に添えたフランス語の説明文には、アンの座右の銘「Ainsi sera, groinge qui groinge（どれだけ人が不平を言おうと、結局はこうなるのだ）」が含まれている。

この時代の繊維製品については、中世から17世紀まで、ザクロは衣服の刺繍のモチーフとして好まれた。東イスラム圏から伝わった精巧なザクロの模様は、当時のヨーロッパ社会の上流階層が着る衣服を飾るステータスシンボルになった。絵画を見ると、女性（メアリー・クロプトンやエレオノーラ・ディ・トレドの肖像画のように）も男性（ジェンティーレ・ダ・ファブリアーノ作『東方三博士の礼拝』の三博士のひとりが着ているように）も、ザクロの模様がついた服を着用していたことがわかる。16世紀のフランス王アンリ4世（ナントの勅令を発布したことで知られる。この勅令で信仰の自由が認められたため、カトリックとプロテスタントの内戦は終結した）は、ザクロがデザインされた紋章入りの徽章《きしょう》を身につけていた。彼のモットーは「Sour, yet sweet（酸っぱく、でも甘く）」で、これは王は毅然としているべきだが、臣民には公平であるべきだという自身の信念を、ザクロの特性になぞらえたものだ。神聖ローマ帝国皇帝マクシミリアン1世もエンブレムにザクロを用いていて、アルブレヒト・デューラーが描いた1519年の有名な肖像画では、ザクロを手に持っている。マクシミリアン1世の肖像画では、ザクロの種衣は臣民を象徴している。つまり、別個の存在ではあるが、帝国の統治の下にひとつにまとまっているということだ。

中世の医学においてザクロは重要視されていた。ザクロは15世紀の聖人で医師の聖ヨハネ・ア・デオ（神のヨハネス）の象徴だった。彼はスペイン、グラナダの病院を拠点に、貧しい人々や病人への奉仕に人生を捧げた。この聖人の像は、萼から十字架が出たザクロを手に持つ姿を描いている。16世紀には、ザクロはロンドンの英国王立内科医協会の紋章に使われた。体力回復の効用があるザクロの上に腕が差し出され、その腕を天から降りてきた手が握っている。この紋章は、今日もこの協会のロゴとして使われている。

中世の体液説では、ザクロは人間の男性と同じく「熱」で「湿」の性質を持つとされた。そのため、中世の医師は「冷」で「乾」の痰と咳の治療にザクロを処方した。ザクロを食事の前に摂取すると食欲が増進するとされた。また、催淫効果を持つとも考えられていた。中世の思想では、女性の子宮は独立した精神を持つ獣のようなものであり、体内をさまよってさまざまな病気を引き起こすと考えられていた。例えば、子宮が頭に上がると頭痛が起きるとされた。中世の医学書『トロトゥーラ文書』には、体の定位置から離れてさまよう子宮は、さまざまなベリー類、木の実、種を混ぜた水に浸かることで元の状態に戻せると書かれており、その中にはザクロの種衣や外皮も含まれている。(8)『トロトゥーラ文書』を通して、ザクロは女性特有の症状と結びつけられ、他にも妊娠中の足のむくみを軽減するには、ザクロで足をこするよう勧めている。また、ザクロの美容的利用法も記されており、ザクロの外皮を細かくすりつぶしたものに水、ビネガー、没食子《もっしょくし》［ブナ科の植物の若芽にインクタマバチが産卵し瘤《こぶ》になったもので、タンニン成分が多く含まれる］、ミョウバンを混ぜたものは髪を黒く染める効果があるとされた。

第5章 ◉ 今日のザクロの生産と栽培

ザクロの実は地球上で最もセクシーな食べ物のひとつだ。深紅は欲望の色。中身は乱雑で、湿り気を帯びている。食べるには指を使うしかないが、ジューシーな小さい種を食べる行為はどこか官能的だ。
エミー・ライリー、世界的な料理学校ル・コルドン・ブルーから「美食の女王」という名を与えられた。

今日《こんにち》ザクロの主要な生産地はイラン、アフガニスタン、トルコ、インド、イスラエル、スペイン、アメリカ合衆国だが、カリフォルニア州の大農場を持つアメリカが、世界を舞台に存在感を増してきている。スペインはEUで唯一の商業輸出用ザクロの生産国だ。インドはアラブ首長国連邦、オマーン、イギリスに大量にザクロを輸出している。ザクロは地中海沿岸諸国だけでなく、中東や中央アジアの多くの国々の地域経済において、象徴的意味を持っている。２０１４年時点では、イランとインドがザクロの世界最大の生産国だ。今日多くの国々にとって国家的威信の源となっているのは、ザクロの経済的価値というよりむしろ象徴的な価値だ。その典型的な例がメキシコで、伝統料理のチレスエンノガダは国旗の色を再現している。緑はトウガラシ、白はナッツのソース、赤はザクロの種で表現されている。

◉アメリカと西洋のザクロ産業

ザクロはスペイン人伝道者によって新世界に伝えられた。16世紀にエルナン・コルテスがアステカ帝国を征服したとき、スペインの象徴だったザクロの木が、征服の印としてメキシコに植えられた。その後18世紀に、スペイン人入植者はザクロをテキサス州、カリフォルニア州、アリゾナ州に伝えた。イギリス人植物学者ピーター・コリンソンは、１７６２年にフィラデルフィアに住む植物学者の友人ジョン・バートラムへの手紙で、ザクロへの高い評価を書き記している。

ザクロをむげに扱ってはいけない。貴殿に敬意を表するために遠方からやってきた珍しい果物なのだ。広い世界に放り出すのではなく、家の傍に植えて、壁の近くに固定しておくとよい。そうすれば、ザクロは見事に成長し、美しい花を咲かせ、実を付けるだろう……すべての木々の中で、ザクロは人間にとって最も有益な木なのだ(1)。

1771年には後にアメリカ大統領となるトーマス・ジェファーソンも、バージニア州モンティチェロの自分のプランテーション（大農場）にザクロを植えた。また、アメリカ先住民のナバホ族がデザインした特徴的な「スカッシュブロッサム（カボチャの花）」のネックレスにも、ザクロの形をしたビーズが使われている。このネックレスは19世紀に、スペイン人から銀細工を学んだナバホ族の銀細工師によって初めて作られた。ネックレスのトルコ石と銀のビーズ（丸くて萼が付いている）はカボチャの花と誤認されていたが、実際はスペイン人が身に付けていたズボンやシャツのボタンのデザインをまねたもので、それは間違いなくスペインの国民的モチーフ、グラナダのザクロの形だった。

今日ザクロの栽培品種で主流となっているのは、カリフォルニア州原産の「ワンダフル」種だ。1896年にフロリダ州から挿し木が西部のカリフォルニア州に持ちこまれ、初めて植え付けられた。「ワンダフル」はジューシーで甘味が強いことで知られている。ザクロ生産者の悩みの種である外皮の破れやすさにも、かなり耐性がある。特に雨の後など、熟したザクロは割れて、中身がほとんどむき出しになってしまいがちだ。だが、本来こうして実が割れるのは、種を散らばらせるための生物学的な仕組みなのである。

ザクロはアメリカの歴史の初期に登場していたにもかかわらず、最近まで主に移民や外国でザクロを知った人が好んで食べる、一風変わった果物だと考えられていた。２００２年にはザクロ果汁を生産・販売するポム・ワンダフル社が創業し（その広告キャンペーンは、誤解を与えかねない部分もあるにはあるのだが、成功を収め、ザクロの普及を促進した）、ザクロが抗酸化物質、食物繊維、ビタミンを豊富に含むだけでなく、抗発がん性効果もあることを示す調査結果が公表されると、欧米の消費者により広く親しまれるようになった。最近の研究では、ザクロ果汁に含まれる殺菌効果がＨＩＶに対して効果があり、ウイルスが体内に入るのを防ぐこともわかった。ザクロには放射線を吸収するはたらきもあり、がん研究に使用されている。

２００８年の『メンズ・ヘルス』誌で「スーパーフード」という栄えある地位を得ると、ザクロの需要は急激に増加した。現在ではソース、ソフトドリンク（炭酸飲料）、アイスクリーム、ケーキ、お茶、チューインガム、ジェリー、チョコレート、サラダ・ドレッシング、リキュールにザクロが含まれていることが珍しくなくなった。また、ザクロから作られ、カクテルの材料として有名なグレナディン・シロップもある。(2) 多くのブランドは、期間限定でさまざまな商品の発売を試みている。製菓メーカーのダリルリー社が製造したザクロ風味のリコリス［甘草が入ったグミなどの菓子］やハーゲンダッツのザクロのアイスクリーム、ザクロ風味のセブンアップなどだ。一方で、ザクロ風味のスナック製品はときおり非難の的になっている。そうした製品を作っている会社は、炭酸飲料やスイーツは健康食品とは言えないにもかかわらず、販売促進キャンペーンではしばしばザクロの抗酸化力や栄養価の高さを強調するからだ。

また、ザクロの日焼け防止やアンチエイジング、保湿、抗炎症などの効果が知られるようになったために、化粧品業界でもザクロをベースにした石けんやボディクリームの製造が増加している。カリフォルニアでは2005年に、ザクロを使ったスキンケア商品「ポメガ5」だけを製造販売する企業が設立された。古代からザクロには官能性という含意があったが、それは現代の市場でも受け継がれ、いくつかのメーカーからザクロの香りの潤滑剤（「ウエット」や「シルクィッド」といった魅惑的なブランド名が付いている）が販売されている。著名な調香師のジョー・マローンとファッションデザイナーのマーク・ジェイコブスは、ザクロの香りの香水のプロデュースを始めた。

ザクロの風味への人気が高まるにつれ、濃縮果汁の市場は拡大し、成長を続けているが、それでも需要を満たせていない。カリフォルニア州には現在1万6000エーカー（約65

平方キロメートル）のザクロのプランテーションが存在するが、アメリカのザクロ産業の着実な成長に合わせて、今後もかなりの栽培面積の増加が見込まれている。カリフォルニア州のザクロの年間収穫量は、現在約6000万ドルで、国民ひとり当たりのザクロの消費量は世界一だ。2002年のアメリカのザクロの消費量は、2年前の2000年の10倍になった。カリフォルニア州デーヴィスにある米国農業研究事業団は、ザクロの苗木の栽培に興味を持つ一般大衆に、いくつかの栽培品種を取り合わせて、挿し木用の枝を無料で配布する企画を実施している。(3) また、さまざまなザクロの濃縮果汁を品種ごとにランク付けする試飲会も開催している。

◉アフガニスタンのザクロ産業

ザクロ産業が発展しているもうひとつの国は、中東のアフガニスタンだ。近年は戦争と政治的混乱が続いたため、この産業も大きな被害を受け、世界中のザクロ愛好家への輸出に深刻なダメージを与えた。しかし、2008年には、アフガニスタンのザクロ産業に復活の兆しが見えた。アフガニスタンは2008年に、初めてザクロの国際見本市を開催した。自国の農民がアヘンの原料となるケシの生産より、ザクロの生産者として有名になることを願ってのことだ。それ以来、ザクロの見本市は毎年恒例の行事となっている。この見本市のスポンサーである米国国際開発庁のローレン・ストッダードは、「私たちは新しいアフガニスタンの象徴となる生産物を求めている。それがきっかけとなって、また別の製品が生まれるだろう」と語っている。２００８年の見本市の一環として、ナンガルハール州全体を対象にした部族集会が招集された。そして、ケシの栽培をやめてザクロの栽培に切り替えることに、２００人以上の長老が同意した。部族の長老たちはある農園で象徴的な儀式を行い、栽培していたケシを処分し、その地面に最初のザクロの苗木を植えた。

２００８年にはザクロの世界的な需要が増えて、アフガニスタンでの市場価格が12カ月で1キロ55セントから1ドル60セントまで上昇した。また、２０１０年にはアフガニスタン・パキスタン通過貿易協定（ＡＰＴＴＡ）が締結され、アフガニスタンの貿易商がワーガ検問所［インドとパキスタンの陸路国境にある検問所］を通して、インドやパキスタンの市場へ農産物を輸出できるようになり、ザクロの主要な取引相手への輸出が促進された。アフガニスタン農業灌漑牧畜大臣モハンマド・アーシフ・ラヒーミーは、同国の主要な生産物に関して、「ザクロを生産している国は他にもあるが、神の恵みを受けたわが国の高品質のザクロに太刀打ちできる国はない」と確信している。(4) アフガニスタンは近年ではザクロを年間最大8万トン輸出している。ザクロがどれほどこの地域を象徴するものになったかは、『エコノミスト』

誌の中東問題を取り上げるブログに、この名が冠されていることからもわかる。

●ザクロの生産方法

通常ザクロの木は、苗木を植えて3~5年間は果実を付けない。そして、果実は新しく伸びた枝先に付くため、剪定《せんてい》が必要になる。ザクロの木は雌雄同株［同じ株に雄花と雌花が咲くこと］なので自家受粉が可能だが、自家受粉して実を付ける花はわずか45パーセントだ。別の木との間で他花受粉すると、実を付ける確率は68パーセントに上昇するので、大きなメリットがある。(5) 風媒は他の植物の花粉を授粉させる危険があるので、あまり効果的とは言えない。そのため、虫媒（主にハチ）や人工授粉に頼ることになる。一般的な人工授粉の方法は、黄色い花粉の付いた雄しべの先端（葯《やく》）にブラシか綿棒を軽く押し当てる。その後、そのブラシを使って、別の花の雌しべの粘り気のある柱頭に花粉の粒を移していく。授粉した花は花びらを落とし、7カ月ほどで成熟した果実となる。生産性の高い木だと、栽培面積1エーカー（約4047平方メートル／約0.4ヘクタール）当たり10トンもの果実が収穫できる。

ザクロは一般に暑い気候を好み、乾燥した土地が最も栽培に適している。ザクロの木は比較的頑丈で、霜、洪水、塩害、干ばつに対してもかなり耐性がある。それでも、これらの要因の影響を受けると、果実の味が損なわれたり、落果が増えたり、木の発育が阻害されたりする。ザクロには栄養を蓄える地下茎があり、厳しい気候条件のもとでいったん枝枯れしても、元の状態に戻ることができる。また、特に厳しい気候条件に適応できる栽培品種もあり、例えばアガット種はロシアの雪の中でも生育できる。ウズベキスタンの人々は、厳しい冬の間にザクロの木が枯れるのを防ぐために、ザクロの茂みが完全に埋まるまで土を盛り、春が来たら土を取り除く[6]。ヨーロッパでは、これ以外にもザクロが寒さで枯れるのを防ぐ方法が使われていて、一定の温度を保てるようにビニールハウスの中で育てるところもある。ザクロは黒色土、砂質土、乾燥土、岩地といったさまざまなタイプの土壌で生育している。最も栽培に適しているのはアルカリ性土壌だが、粘土分を多く含んでいると、果実の色が薄くなることがある。ザクロの成長を妨げる昆虫はいくつか存在するが、英語でpomegranate butterfly（ザクロチョウ）と呼ばれているもの（学名 *Virachola isocrates*）もそのひとつだ。木に卵を産みつけ、卵から孵《かえ》った幼虫が果実の中にもぐりこむ。

　ザクロの果実を木から切り取った（摘み取るのではない。摘み取ると木を傷める）時点で、果実の熟成は止まる。ザクロの果実は、実はベリー類（ひとつの子房《しぼう》［花のめしべの下の端のふくらんでいる部分］から作られる、種のある液果と定義されている）に分類され、２００～１４００個の種を含んでいる。ザクロは種衣を食べるというより、果汁を飲むという明確な目的のために栽培されることが多い。イランの伝統的な搾汁《さくじゅう》方法は、ワインづくりとよく似ている。ふたつに割った果実を陶器の桶に入れ、特殊な靴を履いた人が足で踏むのだ。西洋の一般的な搾汁方法は、バスケットプレス［容器に果実を入れて上から圧力を加える方法］または液圧プレス機を使って果汁を抽出する。ザクロの果汁にはタンニンが多く含まれているので、通常は濾《こ》してから飲む。また、発酵させてザクロワインをつくる場合もある。

●グレゴリー・レビン博士

ザクロの歴史に名を刻むのに真にふさわしい人物を挙げるなら、ソビエト連邦の科学者グレゴリー・レビン博士だ。レビン博士はザクロ界ではヒーローのような存在で、トルクメニスタンのガリガラの農業研究所で人生をザクロの研究に捧げた。博士は１９６１年から２００１年までの40年間で、１１１７種のザクロから世界最大規模となる遺伝資源コレクション［遺伝資源とは、現実のまたは潜在的な価値があり、遺伝の機能的な単位を有する植物、動物、微生物その他に由来する素材］を作成した。博士はザクロの野生種を探して、中央アジアやコーカサス地方を歩いて回った。また、博士のもとには、エジプト、アルジェリア、ヒマラヤ山脈など、海外の関係者からもさまざまなザクロの品種が送られてきた。博士は新しい品種を生み出すために野生のザクロを交配し、淘汰や突然変異を利用しながら望ましい品質を高めていった。特に、耐霜性、甘い香り、高い果汁含有量、種の柔らかさ、外皮にひびが入りにくいことなどが関心の対象だった。液体窒素の中に保管されたザクロの種の保存と生育に関する研究も行われた。博士は開発した品種の苗木をアメリカなど多くの国に送ったが、それらの品種は現在もその地で栽培されている。

しかし、彼の物語は失楽園のひとつとなった。エデン、すなわちガリガラは、ソビエト連邦の崩壊とともに、終焉への道を歩みはじめた。

1991年にトルクメニスタンが独立国家になると、ソビエト連邦に代わって政府機関が私たちを監督するようになった。研究所の名称も変更になった。新しいトルクメニスタン政府が科学、特にザクロ学（punicology）を必要としていないのは明らかだった。そして、ザクロ研究への資金援助は徐々に削減された。(7)

ガリガラのザクロは干ばつのために枯れはじめた。水汲み用のポンプがなかったので、職員たちは近くの川から缶で水を汲んで運んだ。ザクロに水を撒くため、下水も使った。レビン博士は2001年にイスラエルへの移住を余儀なくされた。数年後、博士は彼のザクロ農園がトルクメニスタンの農業省の命令で、野菜栽培に転用するために取り壊されたことを知った。博士が開発した栽培品種のいくつかは、イスラエルの新居で栽培されていた。イスラエルでは、水の蒸発を減らすために植物をネットで覆うという節水技術が使われていた。しかし、2003年にイスラエルの農園を訪問したとき、博士は良い印象を抱かなかった。彼が開発した品種は、高い品質のザクロを産出していたが、博士が付けた名前ではなく、新しく付けられた番号で呼ばれていた。そのため、外国の研究者は、中でもアメリカにおいては、レビン博士が以前論文に書いた高品質のザクロの品種を、繁殖のために入手することが困難になった[8]。現在レビン博士は、野生のザクロが人間の動植物に対する圧力のせいで減少し、絶滅の危機に瀕していることについて懸念を表明し、以下のように訴えている。

ザクロの生物学的多様性を保護しなければならない。ザクロの栽培品種は芸術品であり、文明の創造物であり、途方もなく長い驚くべき歴史を物語るものだ。ラファエロやブリューゲルの絵画やバッハのフーガと同様に、将来のために保護し、伝えていかなければならない芸術なのだ[9]。

◉ザクロの効能

レビン博士はその自叙伝の中で、故国ではザクロは滋養強壮薬として用いられていると書いている。ザクロの果汁は、ソビエト連邦では宇宙飛行士、炭鉱作業員、潜水艦乗組員、パイロットの健康を維持するために処方されていた。宇宙における生物への影響を調査するためにソ連の人工衛星に乗せられたサルにも、健康を維持するためにザクロとローズヒップの混合物が投与されていた[10]。本書では、ザクロがビタミン含有量の高さとさまざまな薬効のために古代から高く評価されてきたことや、神話や伝説に描かれたザクロの復元効果が、医療におけるザクロに関する認識に大きな影響を与えてきた（おそらく、逆も同様だろう）ことを検証してきた。

民間療法では、広範囲の病気の治療と予防にザクロを使ってきた。ザクロは痛みや炎症を軽減するとともに傷の治癒を早め、糖尿病、頭痛、黄疸、循環器疾患、吐き気、体重管理、鼻血、喘息、歯肉炎、潰瘍、痔、抑うつ、呼吸器感染症にも効果があると考えられている。特定の品種だけに限定された特性もある。例えば、黒い実がなるKara-Nar種は、赤痢と白斑の治療に使われている。インドの伝統医学アーユルヴェーダでは、ザクロは食品として推奨されていて、その甘酸っぱさが、ピッタ（火）のドーシャ［生まれもった生命エネルギーの

首にザクロの飾りが付いている中国の花瓶。18世紀。

こと」に支配されている人々の体のバランスを整えるとされている。インド料理では、乾燥させたザクロの種を挽いて作る、アナルダナと呼ばれる薬効のある粉末が一般に使われている。アーユルヴェーダでは、ザクロの実はさまざまな症状の治療に使用されている。その例としては、ザクロの果汁が入った目薬が白内障に用いられている。しかしながら、ザクロの薬効に関しては、すべての調査で肯定的な結果が出たわけではなく、ザクロの摂取が、特定の医薬品の効果を妨げることも知られている。

民間療法でザクロは避妊薬や堕胎薬として使用されたが、これは物議をかもした。効果を検証するために科学実験が行われ、多くの記事が書かれた。ザクロを経口で投与、または直接膣に挿入すると、子宮の収縮を引き起こすと言われている。1970年代には、ある科学的研究で動物実験が行われた。[11] 雌のネズミにザクロを与えると、出産率が72パーセント減少し、モルモットに至っては100パーセント減少した。その後40日間ザクロの投与を中止すると、どちらも出産率は元に戻った。2003年のインドのチャティスガル州の報告には、産児制限へのザクロの使用について書かれている。[12] ザクロの種を挽いて粉末にし、ゴマ油と混ぜ、月経が終わった時点で膣に挿入する。このような膣座薬の使用は、はるか古代メソポタミア時代から知られていて、アッシリア人のくさび形文字の文献には、ザクロの果汁に浸した羊毛の布を女性の膣内に挿入したことが記されている。[13]

薬理学史家ジョン・M・リドルは、古代においてザクロが産児制限に使われていたことは、聖書の禁断の実を付ける知恵の木が、リンゴではなくザクロであることを裏付けると主張している。(14) 神が果実を食べることを禁じたのは、その避妊効果のせいだと言うのである。リドルはさらに、受胎を抑制する能力のために、ザクロはメソポタミアの性愛の女神イナンナ（イシュタル）の象徴となり、その神殿の娼婦（性交を通して神の活力を授ける風習があった）が妊娠を避けるために使用していたと考えている。ザクロの避妊効果は、女性ホルモンのエストロゲンが高濃度で含まれているためで、エストロゲンは今日では経口避妊薬の製造にも使われている。こうした考え方からわかってくるのは、ザクロはその種子の多さから、昔から慈悲深い生殖力の与え手として象徴的な存在だったが、その裏では、生殖力を阻害するという負の性質も持ち合わせていたということだ。しかしながら、この領域の研究はまだ決定的なものにはなっていない。出産に関わる専門家の中には、妊婦はザクロの摂取を避けるべきだと助言する者もいる一方で、ザクロの摂取は胎児の成長に有益であり、子癇《しかん》［妊娠中毒症のひとつで、妊産婦がけいれん発作を繰り返すこと］などの妊娠合併症を防ぐ効果があると主張する者もいる。

◉アジアにおけるザクロ：日本と中国

ザクロは紀元前2世紀に、シルクロードを経由して中国に伝わった。古代の中国の詩で美しさを愛でられているのはザクロの実ではなく、花である。多くの詩人はその花を裳《も》［スカート状の下衣］に例え、8世紀の詩人万楚《ばんそ》は、「妓女の眉墨はワスレグサ［キスゲ亜科の多年草でユリに似た赤橙色の花を付ける］をしのぐ麗しさで、その赤い裳を見て、ザクロは妬ましさのあまり枯れてしまう[15]」と詠《うた》っている［「五日観妓」より］。

中国のザクロの主な種類は、外皮が黄色い。中国の文化では黄色は重要な色で、最も美しく、大地、幸運、高貴の象徴と考えられている。そのため、中国人はザクロを桃、橘とともに、「三柑《さんかん》の実」（縁起の良い3つの果物）のひとつとみなしている。ザクロの種子の多さは、男子の子孫に恵まれるという幸運を象徴していると言われ、ザクロの種を表す「zi」は「(息)子」の意味も持つ。また、婚礼にも関連付けられ、受胎を願って新郎新婦のベッドカバーにザクロの種衣が撒かれることもある。中国の伝統医学の漢方では、ザクロは体を冷やし、水分を補う「陰」の薬と見なされている。また、アジア全域で人気のあるタイ発祥のデザート、タプティムクロープ［「タプティム」はタイ語で「ザクロ」の意］は、ザクロを模したものだ。クワイにタピオカ粉と食紅をまぶして茹でたものを、かき氷、ローズシロップ、ココナッツ

12世紀の軸に描かれた孔雀明王は、胸の前にザクロを持っている。

ミルクを入れた器に入れて供する。赤いクワイがザクロの種衣のように見える。

日本では、ザクロは伝統料理にはあまり使われない。ザクロの種衣を酒に漬けたザクロ酒はよく知られているが、日本でザクロが最も重要な役割を担っているのは宗教の領域だ。ザクロは、子供と母親の女神である鬼子母神《きしもじん》と結びついている。日本の図像学では、鬼子母神は通例赤子を抱いて乳を飲ませながら、右手にザクロを持つ姿で描かれている。鬼子母神は子供を授かりたいと願う女性たちの信仰の対象で、寺院にはザクロの像が飾られている。人々はザクロの絵が描かれた絵馬を寺院に納める。だが、神話によると、鬼子母神は最初から慈愛深い存在ではなかった。もとはハーリティーと呼ばれる凶暴なヒンドゥー教の悪鬼で、人間の子供を食べて生きていた。しかし、仏陀の導きによって改心し、子供を食べる習慣をやめたと言われている。仏陀はハーリティーに、子供を食べたくなったら、味と食感が血に似ているザクロを代わりに食べて我慢するよう諭した。

また、密教の仏である孔雀明王も属性としてザクロを手に持っている。ザクロを使って悪霊を退散させ、人間が身体と精神の両面で毒されないよう守っているとされている。ザクロは日本の木版画によく登場し、根付けと呼ばれる象牙や木製の小さな彫刻にも使われる。根付けとは、巾着《きんちゃく》などの袋物の口を締め、腰に下げるひもの先端に付ける飾りだ。著名な日本画家小原祥邨《おはらしょうそん》（1877～1945）は、小賢しげな鸚鵡《オウム》がザクロの木の枝に留まって

小原祥邨、『石榴に鸚鵡』。1927年。

いるモチーフの木版画を2種類残している。ザクロの実のいくつかは割れて、種がのぞいている。

重要な教訓を伝えるのにザクロが用いられた仏話は他にもある。仏陀は常に小さな太鼓を持ち歩き、最も大きな犠牲を払った人が近づいてきたら、これを鳴らすと弟子たちに語っていた。この栄誉にあずかりたいと熱望する裕福なマハラジャが、仏陀のもとへやってきて、大量の財宝を差し出した。だが、仏陀は太鼓を鳴らさなかった。次に、物乞いの老婆が仏陀に近づき、ザクロの実をひとつ差し出した。仏陀はザクロを受け取り、その場で太鼓を打ち鳴らした。これを見たマハラジャは腹を立てたが、仏陀はこう諭した。

マハラジャが金を差し出すのは難しいことではない。だが、飢えた老婆が空腹にもかかわらずザクロを差し出すのは大きな犠牲である。老婆は自分の命も顧みず、師にザクロを与えた。これ以上大きな犠牲があるだろうか。有り余っているものを差し出すのは犠牲ではない。真の犠牲とは、自分にとって最も大切なもの、最も価値あるものを手放すことだ。(16)

内部に豊富な実りを秘めたザクロは、物質的な富という外面上の豪勢さに勝る。

アゼルバイジャンのシェキハーン宮殿内のザクロの木の絵。

◉ザクロの祝祭

現代のさまざまな民族が祝祭でザクロを称えている。そのひとつがアゼルバイジャンの人々で、ギョイチャイの町では毎年ザクロ祭りが開かれる。ザクロ祭りは毎年10月に開催され、ザクロを使った郷土料理と、伝統的なアゼルバイジャンの音楽と踊りが披露される。人気のある料理は、ナシャラブと呼ばれるザクロから作る塩味のソースで、魚料理に添えて供されることが多い。祭りでは、大きなザクロの果実に賞を与えたり、ザクロのコスチュームのコンテストや、早食い競争、果汁をしぼるコンテストが開催されたりする。

ザクロがどれほどアゼルバイジャン人のアイデンティティーと結びついているかは、2015年にヨーロッパ競技大会がアゼルバイジャンの首都バクーで開催されたとき、公式ロゴマークにザクロが使われたことからもわかる。アダム・ユニソフによるデザインは、開催国の5つのエレメント、すなわち、水、日、絨毯、神話に登場するシームルグと呼ばれる鳥が、ザクロの形をしたマークの中に収められている。また、18世紀に建てられたアゼルバイジャンのシェキハーン宮殿の装飾の中では、たわわに実ったザクロの木をデザインした装飾がひときわ目立っている。アゼルバイジャン国民のザクロに対する特別な思いに敬意を表して、ギョイチャイの町に大きなザクロのモニュメントが建てられている。

アゼルバイジャンの町ギョイチャイで開催された2011年ザクロフェスティバルの祝賀会。

他にも、ザクロを模したオブジェは世界中にたくさんある。イランの都市サーヴェのシャルダリ広場には、赤いザクロの実がピラミッド状に盛られた巨大な金色の鉢が設置されている。エルサレムでは、造形作家ルスラン・セルゲーエフ作の巨大なザクロのモザイクのオブジェが公開展示されている。ザクロの表面には何百ものタイルのかけらが貼り付けてあり、ザクロが内包する無数の種子から連想される「数が多い」という概念を見事に想起させている。

イランの首都テヘランでも、祝いの催しで「楽園のルビー」を称えている。フェスティバルにはイラン中からザクロ栽培家が集まり、さまざまな栽培品種の試食や交換を行う。ザクロを模した造形作品が展示され、ザクロにまつわる踊りが披露される。２０１１年の祝典では、ザクロの特徴を模した８００キロもある世界最大のザクロのケーキが登場した。この催しを記念して、ザクロがデザインされた切手が発行された。この催しでは、ザクロのオーナメントが飾られたウィッシュツリー（願いごとの木）も設置される。イランの詩人ハーフェズ（ハーフィズ）の詩の一節を書いた短冊が吊るされ、個人が直面する問題の解決法を提示している。この14世紀ペルシアの古典詩人は、「愛が失敗に終わると、深紅の涙がザクロのようにとめどなく流れる」と書いている。敬愛される13世紀ペルシアの詩人ルーミーもザクロを愛で、「ザクロを買うなら、実が十分に熟して、種が見えるほどぱっくり割れて笑

ルスラン・セルゲーエフによるモザイクのザクロ、エルサレム。

シャルダリ広場のザクロの彫刻。サーヴェ、イラン。

っているようなものを選ぶとよい……大きく開いた口から心がのぞいているように、精神という宝石箱の中の真珠のように種が見えているものがよい」と助言している(17)。

「ザクロの国の中心地」ことカリフォルニア州マデラでも、ザクロを称える有名なフェスティバルが開催される。ザクロを使った料理の実演も人気があるが、この祭りのハイライトは「ザクロ投げ競争」で、大きなパチンコで標的に向けてザクロを飛ばす。また、11月にマデラ空港で開催されるイベントでは、スカイダイバーがザクロを抱えてパラシュートで会場へ降り立つという航空ショーを見せる。２０１３年には、マデラ市長がラッパーのマックルモアーの２０１３年のヒット曲『スリフト・ショップ Thrift Shop』のパロディを歌うというユーモラスなYouTube動画で、このイベントを宣伝した。

◉ポップカルチャー

ポップカルチャー［一般大衆に広く愛される文化］でもザクロをテーマにしたものがいくつかある。次章では芸術におけるザクロについて論じるので、そのよい前奏となるだろう。ポップカルチャーのリストは、ザクロの特異な性質に触発される人が増えるにつれて、絶えず増えつづけている。

ポップシンガーのケイティ・ペリーは、『ロアー～最強ガール宣言!』という曲のミュージックビデオで、ザクロを口紅として使っている。アダム・ランバートの『Better than I Know Myself』のミュージックビデオには、彼がザクロを握りつぶすと、血のような果汁が手から噴き出すシーンがある。シンガーソングライターのラナ・デル・レイの曲『Bel Air』は、歌詞の中でザクロのシロップであるグレナディンを称えている。そして、アメリカのテレビドラマ『ジ・オフィス』の主人公マイケル・スコットは、飲み物にストレートのグレナディン・シロップ［ザクロの果汁と砂糖から作る甘いシロップ］を要求する。1956年の映画『十戒』でアン・バクスター演じるネフレテリは、モーゼを誘惑しようとして、モーゼの妻の唇は「砂漠の砂のようにザラザラして乾いている」が、自分の唇は「ザクロのようにしっとりして赤い」と言う。コメディ映画『彼女のアリバイ』（1989年）では、スランプに苦しむミステリー作家が、「彼女の胸は、熟れたザクロのように彼に押しつけられた」という文章を書き、前述のアラビアの『千一夜物語』に似た言葉遣いで官能的なシーンを生み出している。

ザクロは日常的な語彙にも影響を与えている。フランス語でザクロを意味する「grenade」には「手りゅう弾」という意味もあるが、これはザクロの種が飛び散る性質を連想させ、赤い種は兵器や戦争が引き起こす破壊的な流血を反映している。オーストラリア人やニュージ

モリス・アンド・カンパニー社。鳥とザクロの壁紙、1926年。

ーランド人が使う「ポム（pom）」とか「ポミー（pommy）」というスラングは、イギリス人を指す言葉だ。これはザクロ（pomegranate）の縮約形で、イギリス系の人々が日光に当たるとすぐに肌が赤くなることに由来する。[18]あるいは、この言葉はオーストラリア人が「ザクロ（pomegranate）」という言葉を、「移民（immigrant）」の押韻俗語［韻を踏んでいる言葉を使ったスラング］として使ったことから生じたとも考えられる。

ライダーウェイト版タロットカードのうちの2枚の絵柄にも、ザクロが使われている。初版が発売されたのは1910年で、100年後の今も最もポピュラーなデッキ［カードの1組を表す言葉］である。女教皇のカードでは、ひとりの女性が、ザクロの模様のカーテンの前に立っている。柱にBとJの文字が付いていることから、女教皇がソロモン神殿にいることがわかる。BとJは、第3章で説明したボアズとヤキン（ここでは光と闇を表している）と呼ばれる柱で、ザクロの装飾が施されていたと聖書に記されている。もうひとつの女帝のカードには、ザクロのモチーフのドレスを着て穀物畑の中に座っている女性が描かれている。この2枚のカードは、ザクロを使って豊穣さをイメージさせている。タロット占いでは、ザクロの実と同様に、女教皇のカードは神秘と神性を意味し、女帝は性、母性、成長と結びつけられている。

ザクロが喚起する豊穣さというイメージは、多様な機能が一体化された「Pomegranate

NS08」というスマートフォンのでっち上げの愉快な広告では風刺的に使われている。2008年に配信が開始されたwww.pomegranatephone.comのウェブサイト［現在では見られなくなっている］では、深紅色のスマートフォンに内蔵されているビデオプロジェクター、生音声の翻訳機、ハーモニカ、コーヒーメーカー、ひげ剃りといった多様な機能が紹介される。ウェブサイトでは、このスマートフォンのバッテリーはザクロの種衣の形をしていて大きさも同じで、持続時間は5日間と述べている。宣伝されている特徴を見ていくと、すぐにでもカナダのノヴァ・スコシア州の情報ページにリダイレクトしたくなるだろう。このウェブサイト全体は、実は新しいスマートフォンの宣伝ではなく、ノヴァ・スコシア州の観光産業の手の込んだ宣伝なのだ（キャッチフレーズは「あなたが求めるものはすべてここで手に入ります」）。このウェブ広告の画面にはザクロの実がころがり、種が散らばっているが、実のところ、ノヴァ・スコシア州にはザクロ産業は存在しない。

エレクトロニクスの分野では、ザクロにインスピレーションを得た研究者たちが、カリフォルニア州のスタンフォード大学SLAC国立加速器研究所で、硬いカーボンの外皮の中に種衣の形をした多数のケイ素粒子を詰めた、新しいリチウムイオン電池の開発に取り組んでいる。

第6章◉現代の文学、美術、映画におけるザクロ

秘められた宝、蜂の巣のような仕切り、
風味の豊かさ、
五角形の建築、
皮がはじけ、実の粒が落ちる、
紺青の杯に粒が散る。
そしてまた、別の石榴は、琺瑯《ほうろう》びきのブロンズの皿に容れた、金の滴。

アンドレ・ジッド著、『地の糧』（二宮正之訳、筑摩書房『アンドレ・ジッド集成1』所収）

近代美術にザクロが使われている例としては、女神ペルセポネーという同じ被写体を描いた、まったく趣を異にする2枚の絵画を挙げるのがいいだろう。ひとつは19世紀の詩人・画家でラファエル前派創始者のダンテ・ガブリエル・ロセッティの作品だ。この絵では、すでにザクロの実をかじってしまったペルセポネーが描かれ、彼女はその行為によって生じる結果を認識している。絵の対角線上の中央にあたる位置にはこの運命の果実が描かれ、中身は女神の唇と同じ色をしている。女神は片手でもう一方の手を支えているが、その手はザクロの重み、すなわち生と死のきわどいバランスを受け止めている。

一方、チャ・デイヴィスが近年描いた絵は、きわめて異様な形でペルセポネーを表現している。これはデイヴィスがエスターという名のペットの鶏を、さまざまな趣向をこらして描いた連作の中の1枚だ。伝統的な女性の面影はどこにもなく、ペルセポネーは斬新な動物の形で描かれている。ザクロは女性の手に握られてはおらず、女神である鶏の頭から生えている。ザクロの実は鶏冠《とさか》のような萼を持ち、まさに鶏の一部のようだ。

この2枚の絵は、ふたりの画家がペルセポネーの神話におけるザクロの性質を表現する上での、伝統的な方法と多様な方法を示している。これらの個性豊かな場面を作り出したのは、ザクロの持つ神秘性と官能性だ。ザクロのシンプルだが美学的に魅力のある姿は、見る人に訴えかけ、このような魅惑的な偶像《アイコン》でありつづける。

◉アルメニアの芸術

セルゲイ・パラジャーノフ監督の映画には、アルメニアの伝統を反映しながら、ザクロのイメージを帯びているものがいくつかある。『ざくろの色』では、オープニングクレジットにザクロの果汁が敷物に飛び散るショットがあるが、そのしみがアルメニアの国土の形になる。男子修道院で、黒いローブを着た男性がザクロにかぶりつく姿が映し出される。主人公の詩人が死ぬ場面で、観客は初めて、ザクロがいくつか飛び散っている中に、装飾用の短剣があるのを目にする。そこへ緑のローブと野菜のヘッドドレスを身に付けた白い顔の女性（死の象徴か？）が現われ、ザクロの果汁（あるいは血？）を詩人に注ぐ夢の中のようなシークンス［映画を構成するひとつのエピソードで、幾つかのショットから構成される］が続く。

この映画は、アルメニアの美術と建築におけるザクロの長い歴史を描いている。まず、ザクロは13世紀のゲガルド修道院に登場する。ひとつの入り口のタンパン［玄関の頭上、アーチと梁に囲まれた装飾的な壁面］には、ザクロとブドウの房がからみあってぶらさがっている木々を表現した装飾が施されている。木の上には2羽のハトが留まり、建物の内部につながる通路を眺めている。

ザクロとブドウ、ハトはみな生命の象徴で、この3つの組み合わせはアルメニアの美術に

チャ・デイヴィス、『エスター・ペルセポネー』。2012年。

ダンテ・ガブリエル・ロセッティ、『プロセルピナ』（ペルセポネーのローマ神話での名前）。ロセッティはペルセポネーを、ザクロを食べてしまった結果を考えているという内省的なポーズで描いた、1874年。

聖十字架教会。アクダマル島、10世紀。

7世紀に建てられたズヴァルトノツの教会堂の落下したザクロ。

よく見られる。例えば、10世紀のアクダマル島［現在はトルコ領］の聖十字架教会の、聖書と神秘、田舎の暮らしをテーマにしたレリーフに描かれている。また、7世紀に建てられたズヴァルトノツの教会堂の柱頭にもザクロが使われている。10世紀の挿絵入りのアルメニア語訳聖書『エチミアジンの福音書』では、ページの縁取りにザクロの実が描かれている。昔から繁殖力という含意を持つことから、現代のアルメニアではザクロは婚礼と結びつけられ、ザクロ酒は新郎新婦の飲み物とされている。アルメニア人の中には、小さな乾燥ザクロに紐を通した「タラトシク（taratosik）」と呼ばれるお守りを身に付けている人がいるが、これは結婚に特化されたお守りだ。

現代では、ザクロは1915年のオスマン帝国政府による虐殺からの、アルメニア人の回復力《レジリエンス》の象徴になった。アルメニアでは、ザクロには365個の種があり、人々は1日1個ずつ食べて国外追放の日々を生き延びたと言い伝えられている。この虐殺によってアルメニア人は離散を余儀なくされたが、人々はザクロの種のように世界中に散らばっていった。キプロスのラルナカにあるアルメニア人虐殺記念碑では、アルメニア国民のザクロを大切に思う気持ちを尊重して、ブロンズ彫刻の記念碑はザクロとイトスギの木に囲まれている。

アルメニア人の芸術家は、虐殺に伴う苦難、希望、再生、サバイバルの象徴として、しばしば作品にザクロを使っている。そのひとりが、画家のリュービック・コチャリアンだ。彼

10世紀の『エチミアジンの福音書』の挿絵。アルメニア。

は1940年にアルメニアに生まれ、現在はカリフォルニア州で暮らしている［2019年に死去］。彼の作品には、プット［キューピッドのような童子の像］がザクロの皮をむいているところや、東洋的なライオンのレリーフの前に置かれた割れたザクロ、アルメニアの文字が刻まれた銘板の横に置かれたザクロ、古代の彫像の横に生えたザクロの木など、しばしばザクロが登場する。コチャリアンの『ザクロのダンス *Pomegranate Dance*』は、ザクロを持った像の前で、ふたりの女性がダンスを踊っているところを描いたもので、きわめて伝統的なアルメニアのイメージを示している。

◉文学

これまでに多くの著者が、東洋的な背景を強調するためにザクロを用いた。カーレド・ホッセイニの罪と贖罪を描いた『カイト・ランナー』（佐藤耕士訳、アーティストハウスパブリッシャーズ、2006年）で、ザクロは重要な役割を果たしている。幼友達のアミールとハッサンの関係の変化が、ザクロの木の描写に反映されている。ザクロの木は最初、カブールの他の場所からも世界からも隔絶した、ふたりのシェルターとして描かれる。ふたりは木に登り、遊び、幹に名前を刻み、果実を食べる。何より重要なのは、この木の下で、アミ

リュービック・コチャリアン、『ザクロのダンス *Pomegranate Dance*』。2010年。

ールは読み書きができないハッサンに読み書きを教えていたことだ。アミールとハッサンは異なった社会階級の出身だったが、ザクロの木のもとでは平等だった。だが、この関係は長くは続かなかった。非道な事件が起こり、ハッサンはレイプされる。アミールはその現場を目撃していながら、介入する勇気がなかった。その後ふたりは再びザクロの木のもとで出会うが、昔とは何もかもが変わっていた。ふたりの天国は失われた。アミールはハッサンにザクロの実を投げつけ、反撃させようとする。血のイメージが以前のレイプの場面を思い起こさせる。

> わたしは持っていたザクロの実を、思い切り投げつけた。ザクロの実はハッサンの胸に当たり、真っ赤な果肉が放射状に飛び散った……いくつザクロを投げつけただろうか。わかっているのは、へとへとになって息があがり、ようやく投げるのをやめたとき、ハッサンの体が銃殺刑執行隊に撃たれたように全身真っ赤になっていたことだけだった。[1]
>
> （『カイト・ランナー』、佐藤耕士訳、アーティストハウスパブリッシャーズ）

アミールは、ハッサンから公然と非難され、傍観者として沈黙していた罪を罰されることで罪悪感を軽減したかった。だが、ハッサンは自分の頭でザクロを割っただけだった。小説では、その後もアミールは贖罪を求めて苦しむ。そして、成人したアミールがカブールに戻ってきたとき、ザクロの木はもう一度登場する。その木はもはや実を付けていなかった。子供時代の友情と同じように、死んでしまった。残っていたのは、ずっと昔にその幹に刻んだ「カブールの君主、アミールとハッサン」という言葉とともによみがえる、のどかな時代の思い出だけだった。(2)

アルメニア系アメリカ人の作家ウィリアム・サローヤンは、『柘榴の樹』(三浦朱門訳、角川書店、1957年『我が名はアラム』所収)という短編小説を書いた。メリク叔父さんが砂漠に土地を購入し、そこにザクロを植えてオアシスを作ろうとする。この小説の語り手である懐疑的な甥は、「叔父さんは自分の事業についてあまりにも空想的で詩的だった。彼が欲しいのは美だった。彼は美を植えて、それが育つのを見ようと思っていたらしい……それは純粋美学の問題で、農業ではなかった(3)」。ザクロの木は環境になかなかなじまず、水分が足りないためにほとんど実が成らなかった。「叔父さんは三つの柘榴を収穫した。僕が一つ食べ、彼が一つ食べ、のこりの一つは彼の事務所にしまっておいた(4)」。翌年、メリクは200個のザクロを収穫し、11の箱に入れて、販売するために問屋へ送った。だが、ザクロは1箱1ドルでしか買い手が見つからず、送り返されてきて、叔父と甥とで食べた。利益が出なかったので、メリクは仕方なく砂漠の土地を元の持ち主に売り戻すことにしたが、ザクロの木には世話人が必要だと訴えた。3年後、メリクと甥がその場所を再訪すると、木々は枯れていた。この物語は、心に刺さる言葉で終わる。「僕たちは何も言わなかったが、それは言いたいことがありすぎて、それを言いあらわす言葉がなかったからである」(5)。この小説において、ザクロの栽培は結局は失敗に終わる、非現実的で達成不可能な夢の象徴として、啓発的な役割を果たしている。美しいが、何も生み出さないというイメージだ。同様の認識は、ハリール・ジブラーンのザクロに関する詩からもうかがえる。この詩の中では、作者はザクロの実の中に住んでいて、多くの種がそれぞれに将来の希望を主張する声に絶えられなくなる。種たちは自分の考えを一斉に叫びはじめ、誰が何を言っているのか聞き分けられなくなる。そして、作者はもっと静かなマルメロの中へ引っ越すことを決心する。

◉絵画と彫刻

これまで見てきたように、人類は有史以来、世界を表現する際に、そのままの形でも、形を超越した存在としても、ザクロを意欲的に使ってきた。現代でもこのパターンは継続しており、ザクロは新しい方法で使われることも多くなっている。古代ギリシャ・ローマ時代およびルネッサンス期の彫刻には、ザクロを手にしている像がよく見られる。大きな革新をも

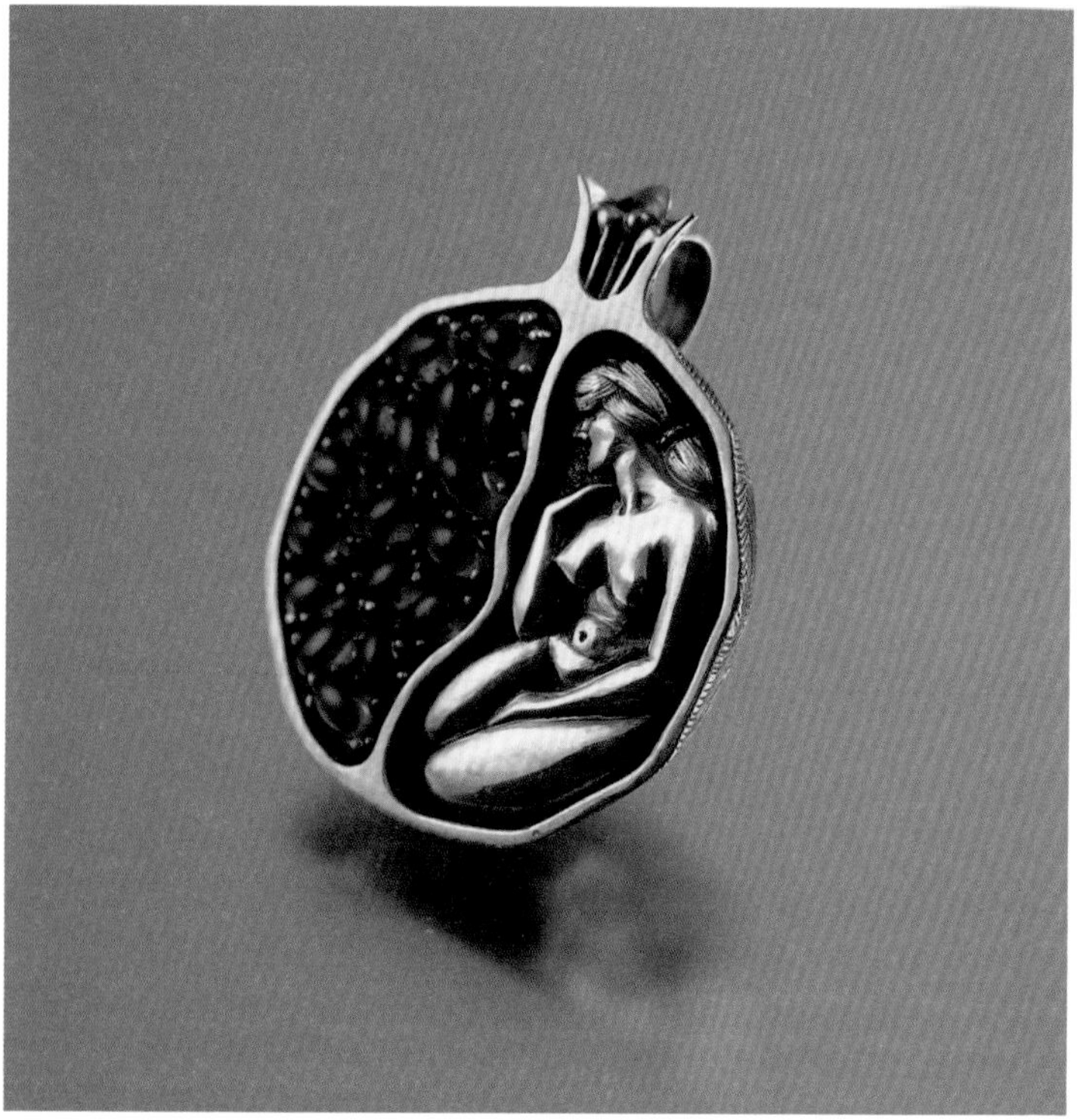

宝飾・美術品販売ウィングドライオン（WingedLion）のナタリア・マロースとセルゲイ・ジボエドフが制作したガーネットで種衣を作った銀のザクロのペンダント・トップ。裸体像は古代からザクロの属性とされた官能性と女性性を想起させる。

たらしたのは、動く彫刻「モビール」の先駆者アレクサンダー・カルダーだ。アメリカの彫刻家・現代美術家で、1940年代にザクロの木にインスピレーションを得て、アルミニウムのシートから抽象的なキネティック（動く）彫刻を制作した。アルミ板を切り抜いたザクロは、作品の中のそれ以外のモチーフに意味を与え、その周りに吊るされた自由造形のピースが木を形作る葉のように見える。カルダーを通して、古典的なザクロを手にした彫刻はよみがえり、再認識された。

同様に、現代の静物画にも同じような構図で描かれたものがよく見られ、古代の芸術におけるザクロの象徴的地位への敬意がうかがえる。古代において死と結びつけられていたことから、ザクロは現代の静物画ではしばしばヴァニタス［「人生の空しさ」を表す言葉で、寓意的な静物画のジャンルのひとつ］の象徴として描かれ、見る者に死すべき運命と人生のはかなさを思い起こさせる（ザクロが頭蓋骨の横に置かれたり、ナイフで切られたりしていることもある）。

パブロ・ピカソのキュビズムの作品、アンリ・マティスの切り絵、ウィリアム・モリスの壁紙、ルイス・コンフォート・ティファニーのガラス製ランプシェードなど、現代の多くの著名な芸術家が、独特のスタイルでザクロを表現している。サルバドール・ダリの『目覚めの一瞬前に柘榴の周りを蜜蜂が飛びまわったことによって引き起こされた夢』という絵の構

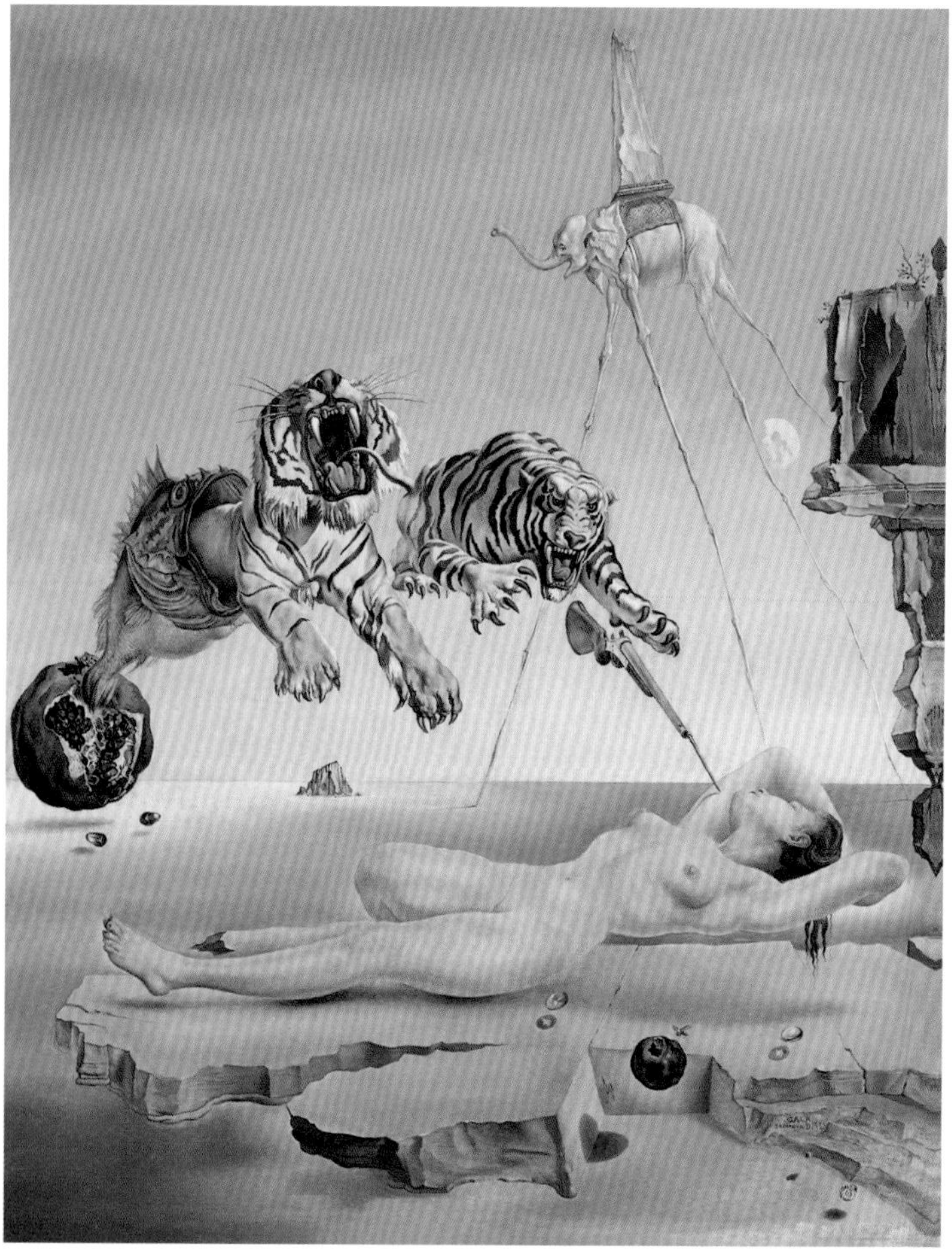

サルバドール・ダリ、『目覚めの一瞬前に柘榴の周りを蜜蜂が飛びまわったことによって引き起こされた夢』。1944年。

図でも、ザクロは重要な役割を果たしている。この絵は、妻のガラがダリに語った夢を描いている。この超現実主義的な場面には、2個のザクロが描かれている。ガラの夢は、大きなザクロが割れて種が2つこぼれ出たところから始まる。ザクロからは魚が1匹飛び出し、その魚からトラが1匹飛び出し、そのトラから2匹目のトラが飛び出してくる。トラに続いてライフルも現れ、その銃剣が、絵の中央で白く発光しているダリの妻の裸身を突き刺そうとしている。ザクロはその生殖力というイメージで、この絵のセクシュアリティという中核的テーマを強調している。このシュールレアリスム的進化論を描いた絵では、すべてのものがザクロの種から生じている。もうひとつの小さなザクロの上を蜂が飛んでいて、この作品のタイトルの所以《ゆえん》となっている。このザクロはハートの形の影を落とし、ガラの女性としての生殖力を示すように彼女のそばに浮かんでいる。

後にダリがデザインしたジュエリーの中にも、ザクロをモチーフにしたものがある。ハート型をした金のザクロのブローチから赤いルビーがあふれ出ているように作られ、中果皮にはダイヤモンドが使われている。古代世界では、ザクロは宝飾ビーズの形として人気があったが、ダリの作品が示しているように、現在でもブローチ、ネックレス、ブレスレット、指輪、イヤリングをファッショナブルに飾っている。こうしたジュエリーでは、ザクロの種衣を表現するのにガーネットが使われることが多いが、この石は色がザクロの種衣と似ている

イリヤ・ゾンブ、『Fragment of Nightfall: Glimmer（日没の断片：かすかな輝き）』、2001年。

イリヤ・ゾンブ、『Mutual Admiration to Pomegranates(ザクロへの相互称賛)』。2005年。

ウィレム・カルフ、『水差し、器、ザクロのある静物』。1640年代。

ことから、ラテン語でザクロを表す「granatum」にちなんで名付けられたのだから、まことにふさわしいと言える。

ダリの例に続いて、今日のシュールレアリスムの画家は、ザクロを使って夢幻的な世界を創造しつづけている。そのひとりであるイリヤ・ゾンブは、多くの作品にザクロを登場させているが、特に注目したいのは、巨大なザクロの上で踊るバレリーナの姿を描いた作品だ。他にも、鳥がザクロの種をついばんでいる絵や、ザクロの種を糸でつないでネックレスにした絵もある。

ザクロの生殖力が特に強く表現されているのが『Fragment of Nightfall: Glimmer（日没の断片：かすかな輝き）』と『Mutual Admiration to Pomegranates（ザクロへの相互称賛）』という作品だ。前者では、ふたりの裸体の女性が巨大なザクロに寄りかかっている。種衣があふれ出し、ザクロがなければ暗く荒涼としたものになった風景（まるで冥界のよう）を照らしている。ふたりの女性はそれぞれ手にザクロを持ち、発光する宝石のような、大きなザクロの種を見つめている。もう一方の絵には、普通の大きさのザクロがいくつか描かれている。ひとつはバレリーナの頭上にバランスよく載っているが、もうひとつは彼女の目の前でサイの角に突き刺さっている。突き刺されたザクロからは種がこぼれ落ちている。前面のベンチには別の4個のザクロが載っている。

ウィリアム・アドルフ・ブグロー、『*L'Orientale à la grenade*（ザクロを持つ東方の娘）』、1875年。

最後に、まさしく名画と呼ぶにふさわしい作品を紹介しよう。この絵には、本書でこれまで取り上げてきた、ザクロに関して繰り返し現われる主要なテーマ、すなわち美、神秘、女性性がすべて包含されている。これはウィリアム・アドルフ・ブグローの1875年の作品『L'Orientale à la grenade（ザクロを持つ東方の娘）』で、東洋的な衣装を身につけた若い娘が、ザクロを手に持って皮をむいている。少女は、手にしたザクロと同様に、東洋的な美を表現している。血のように赤いイヤリングの宝石は、まるで彼女がザクロから抜き取った種衣のようだ。どのような背景があるのか詳細は不明だが、この絵は、絵の右前方を見つめる美しい少女のみを描いている。

実は、この絵には対をなす絵『Marchande de grenades（ザクロ売り）』がある。同じ衣装を着た同じ娘が描かれているのだが、ブグローはこちらの絵で、娘がカイロ街頭のザクロ売りであることを明かしている（背景にカイロ旧市街地にある中世のズウェーラ門が見える）。娘は土埃が舞う街路に、傍らにザクロが入ったかごを置いて座っている。そのまっすぐな、食い入るようなまなざしは、絵の鑑賞者にザクロを買ってくれと懇願しているようだ。ザクロは生殖と強く結びついているので、ザクロ売りは純潔の喪失を表しているとも考えられ、絵を見た人は、娘は本当は街頭で何を売っているのだろうと考えさせられる。

この本の執筆を通して、私はザクロというひとつの食品を例にとって、過去に生きた人々が、自分たちが食べているものにどのように意味付けをしていたかを示してきた。食べ物は一種の言語であり、私たちは何かを食べることで、自分が何者であるかを表現している。西洋でも東洋でも、ザクロをめぐって習慣や物語が生まれ、ザクロを食べることに特別な意味を付け加えた。ザクロは死後の世界への旅路の供をするとさえ考えられた。現代人がザクロに魅力を感じるのは、単にその味の良さや健康上の効用だけではない。このような古代人の審美的感覚が、初めてザクロを五感で味わったときから想像力を刺激しつづけるのだ。

それでは、次はこうした理論を台所で実践していこう。

ザクロの栽培品種

品種名　果実の色　味　原産地　の順に記す。

アガット（Agat）　赤　甘酸っぱく種は柔らかい　ロシア
アーマー（Ahmar）　赤　甘酸っぱい　イラク
アク・アナル（Ak-Anar）　黄色みを帯びた白で種衣は赤　淡泊な味　トルコ
アンブロジャ（Ambrosia）　ピンクで種衣は紫　甘酸っぱい　アメリカ合衆国
アスワド（Aswad）　濃い紫色　甘酸っぱい　イラク
バビロニアン（Babylonian）　外皮はクリームがかった緑で種衣は白　甘酸っぱい　イラク
バレガル（Balegal）　淡いピンク　甘味が強い　アメリカ合衆国
ブレーズ（Blaze）　赤　酸っぱい　アメリカ合衆国
ケジン（Cagin）　赤　酸味が強く種は固い　マルタ

クラウド（Cloud）　黄緑色でピンクがかっている、種衣は透明または白　甘い　アメリカ合衆国
クラブ（Crab）　赤　甘酸っぱい　アメリカ合衆国
ダル（Daru）　黄緑色で赤みを帯びていて、種衣は深紅色からピンクがかった白色　酸味が強く、アナルダナ・パウダーを作るのに用いる　インド
フライシュマンズ（Fleischman's）　ピンク　甘味が強い　アメリカ合衆国
フランシス（Francis）　赤　甘い　ジャマイカ
ガネーシュ（Ganesh）　外皮は黄緑から赤で種衣はピンク　甘くて種は柔らかい　インド
ゴールデン・グローブ（Golden Globe）　外皮は黄色、種衣は赤　甘い　アメリカ合衆国
グリーン・グローブ（Green Globe）　緑色　甘くて香りが強い　アメリカ合衆国
ホーム（Home）　黄味がかった赤、種衣はピンク、甘酸っぱい　アメリカ合衆国
カンダハル（Kandahar）　赤、黄色、濃い紫色　甘い、世界最高のザクロのひとつとみなされている　アフガニスタン
キジル・アナル（Kizil Anar）　赤　甘酸っぱい　トルコ
モリャル（Mollar）　赤　甘い　スペイン
ナナ（Nana）　赤　甘酸っぱい　アメリカ合衆国　生け垣に使われることが多い装飾用の品

種だが、ごく小さい果実は食べられる
パルフィアンカ（Parfianka）　赤　柔らかくて甘酸っぱい　トルクメニスタン
パトラス・アシッド（Patras Acide）　赤　かなり酸味が強い　ギリシャ
パトラス・ドゥース（Patras Douce）　赤　甘い　ギリシャ
レッド・シルク（Red silk）　濃いピンク　甘酸っぱい　アメリカ合衆国
シャバール（Shahvar）　赤　甘い　イラン
シン・ペペ（Sin Pepe）　赤　甘味が強く種が柔らかい　アメリカ合衆国　品種名は「種なし」の意。「ピンク・アイス」「ピンク・サテン」とも呼ばれる
シレネヴィ（Sirenevyi）　外皮はピンクで種衣は濃い紫色、甘く種は柔らかい　トルクメニスタン
ソグディアーナ（Sogdiana）　赤　甘いがピリッとした酸味がある　トルクメニスタン
トウリュウシボリ（Toryu-Shibori）　クリーム色　酸っぱい　日本　観賞用の矮性種で主にアプリコット色の花を愛でるために栽培される
ワンダフル（Wonderful）　紫がかった赤　甘酸っぱく、種は小さくてやや柔らかい　アメリカ合衆国。西洋諸国で最も一般的な品種
ザイチキ（Zaitiki）　赤　甘くて種は柔らかい　キプロス

謝辞

いつも私に本を与え、美術館へ連れていってくれた母に本書を捧げる。多くの人の助けと支えがなければ、本書を書き終えることはできなかっただろう。このプロジェクトを通して大変お世話になった編集者のアンディ・スミスと出版社リアクション・ブックスの皆様に、心から感謝したい。それから、私がザクロについて長話をしている間、いつも熱心に耳を傾け、助言してくれた家族や友人全員にも大変感謝している。中でも、クレメンタイン・スギタ、ウェンディ・ストーン、ジェフリー・ページ、ルイーズ・プライク、ベアトリス・マクローリンの貢献に感謝したい。また、ザクロの栽培品種について方向を指し示して（そして、消費を助けて）くれたレベッカ・プサラスには、特に感謝している。

本書で取り上げた図版の使用を許可してくれたアーティストや美術館に感謝する。また、レシピを提供してくれたバーバラ・チョン、マリア・ベナルディス、イヴァン・デイ、ゼリン・グナイドゥンにも感謝を捧げたい。

訳者あとがき

本書『ザクロの歴史 *Pomegranate: A Global History*』は、イギリスのReaktion Booksが刊行しているThe Edible Seriesの1冊で、このシリーズは2010年、料理とワインに関する良書を選定するアンドレ・シモン賞の特別賞を受賞しました。

著者のダミアン・ストーン（Damien Stone）は、シドニー大学構内にあるチャウ・チャク・ウィン美術館に拠点を置く考古学者です。本書では、専門領域である考古学的な文化遺産はもとより、美術や文学といった芸術の分野でも、ザクロにまつわる魅力的な作品を多数紹介してくれています。本書が初の著書となりますが、2023年にはヒッタイト文明に関する著書が刊行予定で、今後の活躍が期待されます。

ザクロは、日本には平安時代に中国から伝わりました。英語でザクロを意味するpomegranateの由来については本書の冒頭に述べられていますが、日本語の「ザクロ」はどうかと言うと、これにはふた通りの説があるようです。ひとつは原産地であるイランのザクロス山脈に由来するという説で、もうひとつは中国語でザクロを表す「石榴」から変化したというものです。ザクロは中国にはペルシャ北部の安石国から伝わり、その実が瘤《こぶ》に似ていたことから「安石瘤」と呼ばれていました。これが簡略化されて「石榴」になり、日本に伝わった後、音読みの「シャクリュウ」から「ザクロ」に変化したと言われています。

その後日本では、主に鑑賞用植物として親しまれました。ザクロが庶民の生活に溶けこんでいた様子を示すひとつの例として、江戸時代の銭湯の「石榴口《ざくろ》」があります。当時の銭湯では、浴槽は洗い場の奥にありました。湯が冷めるのを防ぐために、洗い場との境に人々が屈んで通る背の低い出入り口が設けてあり、これが石榴口と呼ばれていました。なぜその名にザクロがついたかと言いますと、当時は鏡の曇りを磨くのにザクロの実が使われていたのですが、そのことから、「鏡鋳《い》る」と「屈み入る」をかけたしゃれだったそうです。

ザクロの実には各種ビタミンやミネラル、女性ホルモンのエストロゲンの一種であるエストロンなど、美容と健康に有効な成分が含まれています。特にポリフェノールは、緑茶の14倍、赤ワインの約9倍も含まれていると言われています。他にも、ビタミンCやエラグ酸にはメラニン色素の沈着を防ぐ働きがあってしみ・そばかすの予防効果が、ビタミンB２には脂肪の燃焼を助けるダイエット効果が期待できます。また、エストロンは更年期の症状を緩和し、骨粗しょう症の予防に役立つとのことです。

ただし、本書でも述べられているように、ザクロは昔から繁殖のシンボルとされていた一方で、避妊・堕胎という「生殖力を阻害する」目的でも使用されていました。このザクロの二面性についても、心に留めておく必要があるように思われます。

ザクロは秋に収穫期を迎えますが、日本で消費される食用の果実の大部分は、アメリカなどからの輸入が占めています。輸入品は季節を問わず、通販で入手できますので、上手に生活に取り入れて、健康と美容の増進に役立てていただければ幸いです。

最後になりましたが、本書の翻訳にあたり、原書房の善元温子さん、オフィス・スズキの鈴木由紀子さんから多大なご助力をいただきました。心よりお礼を申し上げます。

２０２２年12月

元村まゆ

写真ならびに図版への謝辞

著者と出版者は、図版の提供と掲載を許可してくれた関係者にお礼を申し上げる。

Alamy: p. 47 (The Print Collector); Suky Best: p. 102; © The Trustees of The British Museum, London: pp. 36, 42, 46, 57, 58, 60, 66, 89; Brooklyn Museum of Art, New York: p. 41; Corbis: pp. 8 (ImageBROKER), 12 (Guenter Rossenbach), 14 (Steve Goossen), 62 (Mimmo Jodice), 91 (Summerfield Press), 146 (Cha Davis), 147 (Christie' s Images), 158 (Museo Thyssen-Bornemisza, Madrid © Salvador Dalí, Fundació Gala-Salvador Dalí, dacs); Flickr: p. 148 bottom; Dumbarton Oaks Collection, Washington, DC: p. 68; Getty Images: p. 64 (Leemage); J. P. Getty Museum/The Getty, Los Angeles: p. 162; Homonihilis: p. 22; iStockphoto: p. 6 (Emrah Turudu); Jebulon: pp. 97, 98, 99, 106; Kasir: p. 136 bottom; Rubik Kocharian: p. 152; Los Angeles County Museum of Art: p. 130; The Louvre Museum, Paris: pp. 56, 79, 82; Itzhak Luvation: p. 73; Aren Maerir: p. 54; Urek Meniashvili: p. 132; The Metropolitan Museum of Art, New York: pp. 27, 48 top, 52, 80, 82, 93; Moonsun1981: p. 134; Natalia Moroz and Sergey Zhiboedov: p. 156; Ruslan Sergeev: p. 136 top; Spoliast: p. 95; Tokyo National Museum: p. 128; Victoria & Albert Museum, London: p. 139; The Walters Art Gallery, Baltimore: pp. 48 bottom, 92, 124; Werner Forman Archive: p. 44 (The Louvreand Museum, Paris); © Paul E. Williams 2011 – All Rights Reserved: p. 148 top; Ilya Zomb: p. 160, 161.

参考文献

Abram, Mary, 'The Pomegranate: Sacred, Secular, and Sensuous Symbol of Ancient Israel', *Studia antiqua*, VII /1 (2009)

Ashton, Richard, with Barbara Baer and David Silverstein, eds, *The Incredible Pomegranate* (Tempe, AZ, 2006)

Goor, Asaph, 'The History of the Pomegranate in The Holy Land', *Economic Botany*, XXI /3 (1967)

Immerwahr, Sara, 'The Pomegranate Vase: Its Origins and Continuity', *Hesperia*, LVIII /4 (1989)

Lazongas, Efthymios G., 'Personification in Myth and Cult: Side, the Personification of the Pomegranate', in *Personification in the Greek World*, ed. Emma Stafford and Judith Herrin (Farnham, 2005)

Levin, Gregory, *Pomegranate Roads: A Soviet Botanist's Exile from Eden* (Forestville, CA, 2006)

Muthmann, Friedrich, *Der Granatapfel* (Bern, 1982)

Riddle, John M., *Goddesses, Elixirs, and Witches: Plants and Sexuality Throughout Human History* (New York, 2010)

Seeram, Navindra P., with Risa N. Schulman and David Heber, eds, *Pomegranates: Ancient Roots to Modern Medicine* (Boca Raton, FL, 2006)

レシピ集

昔のレシピ

◉ザクロと焼きプラムの上にソーセージを載せた料理

古代ローマの抱腹絶倒の風刺的な長編小説『サテュリコン』（第31章）では、トリマルキオという金持ちの解放奴隷が自宅で豪勢な饗宴を催す。コース料理のひとつは、「銀の焜炉《こんろ》の上に湯気の立っているソーセージがあり、焜炉の下には炭火に擬してすももとざくろの実が入れてあった」（『サテュリコン』岩崎良三訳、グーテンベルク21）と描かれている。ソーセージの下のザクロは、赤い炎を思わせる効果をあげている。この描写だけを参考に、この料理の簡単なレシピを作ってみた。色と風味が見事に調和したこの料理は、十分主菜《アントレ》として使えるだろう。

ザクロの種衣…1カップ（果実1個分）
プラム…6個、半分に切る
ポークソーセージ…4本（本物志向の方は、アンドリュー・ダルビー、サリー・グレインジャー著『古典的料理本 *The Classic Cookbook*』のレシピを見て、古代ローマのルカニアン・ソーセージを作るといい）
溶かしバターまたは植物油

1. 半分に切ったプラムにバターを塗り、焼き網に載せて焼く。柔らかくなったら火から下ろしてオーブンに入れ、保温する。
2. ソーセージを、こんがり色が付くまで約5～10分グリルで焼く。
3. プラムを大皿に並べ、その上にザクロの種衣を散らす。
4. ソーセージを斜め切りにして、プラムとザクロの種衣の上に扇状に並べる。
5. お好みでハーブやスパイスを振りかける。

………………………………………………

◉女王のポタージュ

ジョン・ノット著『料理人と菓子職人の辞書 *The Cooks and Confectioners Dictionary*』（ロンドン、1723年）より、レシピ提供イヴァン・デイ www.historicfood.com

このザクロを飾ったアーモンド風味のスープの起源は中世フランスで、1651年に出版されたラ・ヴァレンヌ著『フランスの料理人』（森本英夫訳、駿河台出版社）に掲載されている。この料理はイギリスで人気が出たため、18世紀のジョン・ノットによるイギリスの料理本に掲載された。この料理は「ホワイト・スープ」（ジェイン・オースティンの小説の登場人物がしばしば食している）や「ハリネズミのスープ」（アーモンドを突き刺した小さなロールパンを添えて供されることがあるので、その見た目からこの名が付いた）とも呼ばれる。元となったラ・ヴァレンヌのレシピでは、料理人に、スープの表面に熱した焼きごてを当てて焼き色を付けるよう指示している。

1. アーモンドを小さく砕き、上質のスープで茹でる。
2. パンのかけら少々、レモンの果肉、香草１束を加えて、何度もかき混ぜながら煮て、裏ごしし、そのスープにパンを浸す。
3. 食用雄鶏またはヤマウズラの骨を抜き、骨をすり鉢ですって粉にする。これを濃いスープに入れ、マッシュルームとともに煮て、リネン布で裏ごしする。
4. このスープにパンを浸し、アーモンドのスープを混ぜる。
5. 器に食用雄鶏またはヤマウズラのひき肉を少量よそい、そこにアーモンドのスープを器のふちまで注ぎ入れる。
6. 熱した焼きごてを押し当てて焼き色を付け、ザクロ、ピスタチオ、鶏のとさかを飾る。

…………………………………………

◉ロイヤル・サラダ

アントニオ・ラティーニ著『現代の彫刻 *Lo scalco alla moderna*』（ナポリ、1692、1694 年）、レシピ提供イヴァン・デイ www.historicfood.com

食感がよくフルーティーなザクロは、どんなサラダに入れても良い仕事をする。今日サラダの材料としてザクロは人気を博しているが、それは今に始まった現象ではない。7 世紀の料理本『几帳面な料理人 *Le Cuisinier methodique*』にもザクロのサラダのレシピが掲載されているが、それはザクロの種衣、薄く切ったシトロン、ピスタチオに砂糖を振りかけただけのものだ。

1. エンダイブまたはスカローラ（エンダイブやチコリの一種）を細かくみじん切りにする。
2. 大きなボウルを用意し、底に８～10 枚のビスコッティーニ、またはフリセッレかタラーリ（3 つとも固いパン）を敷き、水とビネガーに塩を少々加えた液体に浸す。
3. その上にみじん切りにしたエンダイブを載せ、ラディッシュを縦に薄切りにしたものなど他の材料と混ぜる。
4. サラダボウルに隙間があったら、以下に挙げる材料を順番に加えていくとよい。
5. 松の実を 4 オンス（約 113*g*）、種を取ったオリーブ 6 オンス（約 170*g*）、ケイパー 4 オンス、ザクロの実 1 個、白と黒のブドウ 10 オンス（約 283*g*）、アンチョビ 12 枚、タランテッロ（マグロのトロの塩漬け）4 オンス、からすみ 3 オンス（約 85*g*）、コンフィット（砂糖がけの衣でナッツやドライフルーツなどを包んだ菓子）6 オンス、シトロンの砂糖漬けとカボチャの酢漬け 12 オンス（約 340*g*）、固ゆで卵 4 個、粒のままのピスタチオ 4 オンス、レーズン 4 オンス、黒オリーブ 6 オンス。キャビア 4 オンス、白身魚のすり身 6 オンス、ラディッシュ少々、塩、オイル、ビネガーはお好みで。
6. シトロンの輪切りを皿に飾り、シトロンの花を周りに飾る。
7. 塩や香味料はサラダをテーブルに出

したあと、食べる直前に加えること。

………………………………………………

◉グラナダ・サラダ

『ロサンゼルス・タイムズの料理本 *Los Angeles Times Cook Book*』No.21（1905年）、カリフォルニア州パサデナ、ノース・フェア・オークス・アベニュー454在住のS・ミラー氏による提供。

この料理本のデジタル版は以下のサイトで閲覧可能。http://digital lib.msu.edu

1. 果物（ザクロ）をアイスボックス（氷で冷やす冷蔵庫）に入れ、冷たくなるまで冷やす。
2. よく切れるナイフで半分に切り、銀のスプーンで赤い種衣をかき出す。
3. ちぎったレタスの真ん中に盛り、下のレシピで作ったサラダ・ドレッシングを添えて供する。

（ドレッシングのレシピ）
卵黄…6個分
マスタード…小さじ1
塩…小さじ1
砂糖…小さじ6
ビネガー…½カップ
リッチミルク…½カップ
バター…大さじ1
カイエンヌペッパー…少々
生クリーム…1カップ（お好みで）

1. 卵黄、マスタード、塩、砂糖を泡立て、混ざったらビネガーとリッチミルクを加え、それから残りの材料をすべて加えて混ぜる。
2. 鍋を二重にして火にかけ、とろみがつくまで湯煎で加熱する。
3. 供する直前に泡立てた生クリーム1カップを加えると、このドレッシングはさらにおいしくなる。

………………………………………………

現代のレシピ

◉ギュルラッチ

レシピ提供ゼリン・グナイドゥン www.givereci-pe.com

ザクロは中東のスイーツにおいて重要な役割を果たしている。トルコのお菓子ギュルラッチは、バクラヴァ［トルコなどで人気のある甘いペイストリー］の前身と考えられている。甘いミルクとローズウォーターに浸した薄くて白いペイストリーの層でできていて、層の間には刻んだクルミを挟み、デザートに彩りを添えるために、上にピスタチオとザクロの種衣が飾られる。この料理が生まれたのは14世紀オスマン帝国時代で、中国の食品と健康の手引き書『飲膳正要』にも掲載されている。1日断食をした後に軽く食べるのにちょうどいいため、ラマダンの期間には特に人気が高まる。この料理を作るにはギュルラッチ用の薄い皮が必要だが、西洋の国々ではなかなか手に入らない。中東の食料品店なら入手できるだろう。

ギュルラッチ・シート…10枚
牛乳…6カップ（1½リットル）
砂糖…1¾カップ（350g）
クルミ（細かく刻んだもの）…1カップ（150g）

ローズウォーター（お好みで）
ザクロの種衣と細かく刻んだピスタチオ（飾り用）

1. 牛乳と砂糖（それにお好みでローズウォーター大さじ 1）を片手鍋に入れ、砂糖が溶けるまで加熱する。時々かき混ぜながら、沸騰しないように注意する。
2. 火から下ろして冷ます。熱いまま使うと、デザートがドロドロになってしまうので注意。
3. ギュルラッチ・シートを 1 枚取って正方形の皿に載せ、2 の冷ました牛乳で湿らせる。5 枚のシートを同じようにして重ねていく。
4. 5 枚目のシートの上に刻んだクルミを広げる。
5. 残りの 5 枚のシートも牛乳で湿らせ、1 枚ずつ下のシートの上に重ねていく。
6. 10 枚目のシートを重ねたら、残りの牛乳を上から注ぎかける。重ねた層がくっついたとしても、完全な形に整える必要はない。
7. 牛乳を注ぐとシートは膨らむが、触ってはいけない。皿にラップをかけて、最低 2 時間冷蔵庫で冷やす。
8. テーブルに出す直前に飾りを載せる。時間が経つと、ザクロとピスタチオの色が変わってしまう。
9. ギュルラッチは食べる直前に冷蔵庫から出し、正方形に切り分け、飾りを載せて供する。

◉ザクロのコブラー

コブラーは、アメリカ植民地の初期の入植者が考案したものだ。クラストは地域によってパリッとしたビスケットを使うところもあれば、ソフトケーキを使うところもある。また、果物の上と下どちらに置いてもかまわない。この人気があるデザートのベースにはほとんどの果物が使われ、ザクロも例外ではない。

ザクロの種衣…3 カップ（2 ～ 3 個分）
上白糖……果物にかける分として ½ カップ（100*g*）、バッター液用に ¾ カップ（150*g*）
ベーキングパウダー…小さじ 1
小麦粉…1 カップ（115*g*）
卵…1 個
牛乳…½ カップ（125*g*）
バニラエクストラクト…小さじ 1
溶かしバター…¼ カップ（60*ml*）

1. 小麦粉、ベーキングパウダー、上白糖 ¾ カップ（150*g*）をふるいにかけ、ボウルに入れる。
2. 1 にバニラエクストラ、牛乳、卵、溶かしバターを加え、なめらかになるまで約 5 分間高速で攪拌《かくはん》してバッター液を作る。
3. 焼き型の中で、ザクロの種衣と砂糖 ½ カップ（100*g*）をかきまぜ、その上から 2 のバッター液を注ぎ、平均にならす。
4. 180℃に予熱したオーブンで、表面にこんがり焼き色が付き、押すと跳ね返るようになるまで約 45 分間焼く。

5. 熱いうちにバニラアイスを添えて供する。

………………………………………………

◉グレナディン・シロップ

グレナディンはザクロから作るシロップで、とても簡単に作れて用途が広い。現在市販のグレナディン・シロップの大部分は人工的に作られたもので、ザクロは含まれていない。グレナディン・シロップは、シンガポール・スリング、シャーリー・テンプル、ロイ・ロジャース、テキーラ・サンライズ、ミモザ、パープル・レインなど、多くのクラシカルなカクテルに、最後に加える材料としてよく使われる。ミクソロジー［野菜やハーブなど、自然な材料をアルコールと組み合わせる新しいカクテルのスタイル］では、グレナディン・シロップの代わりにしぼりたてのザクロの果汁やザクロ酒を使うことも多く、グラスに入れたシャンパンにこれらのどれかを加えてもしゃれたカクテルになる。マティーニ、コスモポリタン、ダイキリといったクラシカルなカクテルから新しい飲み物を作り出すために、ザクロはよく使われるようになった。中東の料理では、肉や魚に添えるソースとして、ナルシャラブと呼ばれるかなり濃いグレナディン・シロップが使われる。

ザクロの果汁…2 個分（500*ml*）
砂糖…1 カップ（200*g*）

1. ザクロの果汁と砂糖を小ぶりの片手鍋に入れて中火にかけ、砂糖が溶けて液体が沸騰するまで約 10 分間加熱する（濃いめのシロップにしたいなら、もっと長く加熱してもよい）。
2. お好みでレモン汁を少々加えると、酸味が強くなる。
3. 容器に入れ、冷蔵庫で冷やしてから使用する。

………………………………………………

◉ザクロのチョコレート・ドロップ

とても簡単だがおいしいおやつ。ナッツ、ココナッツ、マシュマロを加えると、ザクロのロッキーロード［チョコレートにナッツやマシュマロが入ったザクザクした食感のお菓子］ができる。

ミルクまたはダークの板チョコ…200*g* のもの 1 枚
ザクロの種衣…1 カップ（1 個分）

1. チョコレートを溶かし、ザクロの種衣を入れてかきまぜる。
2. スプーンですくってクッキングシートかパティパン［パイを焼くときに使う平鍋］に落とし、冷蔵庫で冷やす。

………………………………………………

◉コリヴァ

レシピ提供マリア・ベナルディス、料理本『ギリシャ人家庭のテーブル *My Greek Family Table*』（シドニー、2009 年）より

この伝統的なギリシャ料理は、愛する人の死を受けて作られるもので、ザクロを葬祭用の食べ物とする古代の概念を受け継いでいる。

小麦の穀粒…4 カップ（500*g*）
粉末状のシナモン…小さじ 2、それに飾り用に少々
刻んだクルミ…1⅔ カップ（250*g*）

レーズン…½ カップ（75*g*）
ゴマ…2 カップ（250*g*）煎ってつぶしておく
粉砂糖…½ カップ（60*g*）ふるいにかけたもの
湯通ししたアーモンド…½ カップ（75*g*）半分に割ったもの
ザクロの種衣…1 個分

1. 小麦の穀粒をひと晩水に浸しておく。水を切り、よく洗っておく。
2. 片手鍋に水を入れ、1 の小麦を加えて強火にかけ、沸騰したら火を弱める。
3. 小麦が柔らかくなり、ふたつに割れはじめるまで約 2 時間茹でる。鍋にこびりつかないようにひんぱんにかきまぜる。水が少なくなったら足す。
4. 小麦が煮えたら鍋を火から下ろし、約 30 分間放置する。水切り用のざるで完全に水気を切る。
5. 布巾の上に広げ、時々かきまぜながら約 2 時間放置する。
6. 小麦をボウルに入れ、シナモン、クルミ、レーズン、ゴマの半量を加え、優しく混ぜ合わせる。大皿に移して上から強く押え、表面に残りのゴマを均一に広げて、その上に粉砂糖を薄く振りかける。
7. 6 の上に、十字を描くようにシナモンを振りかけ、シナモンの十字にクロスさせるようにアーモンドを並べる。粉砂糖の上にザクロの種を置いて、カラフルな模様を描く。
8. 供する際には、スプーンで適量をすくって小さなボウルに入れる。常温で供する。

…………………………………………

◉ザクロのマカロン

ザクロのマカロンの主役は、2 枚のアーモンド・マカロンの間に挟んだフルーティーなガナッシュ［チョコレートと生クリームなどを混ぜ合わせて作るクリーム］のフィリングだ。このレシピはブロガーのバーバラ・チョンのウェブサイト www.themacarondiaries.tumblr.com から提供されたもの。

ザクロのガナッシュのフィリング

スィックンド・クリーム…¼ カップ（60*ml*）［主にオーストラリアで販売されている、生クリームに粘度を高めるための添加物を加えて泡立ちやすくしたクリーム］
ザクロの果汁…1 個分（約 ¼ カップ、50*ml*）
ホワイトチョコレート…1 カップ（130*g*）刻んだもの

1. ホワイトチョコレートは細かく刻んでおく。
2. ザクロは半分に切り、強く握って果汁をボウルの中へしぼり出す。種もボウルの中に落とす。なかなか落ちない種はスプーンでかき出し、ボウルに加える。
3. しぼったザクロの果汁はこし器を通して別のボウルに注ぎ入れる。こし器に残った種は、スプーンを使ってこし器の目に押しつけ、できるだけ多く果汁を抽出する。このボウルは脇へ置い

ておく。
4. 小ぶりの片手鍋にスィックンド・クリームを入れて弱火にかけ、沸騰したら火から下ろす。
5. 刻んだホワイトチョコレートの上に熱いクリームを注ぎ、チョコレートとクリームが完全に混ざり合うまでよく混ぜる。
6. 5が冷めたら、しぼったザクロの果汁を加えて混ぜる。ふたをして、冷蔵庫でひと晩寝かせる。

マカロン

アーモンドミール（アーモンドを皮ごと挽いて粉にしたもの）…1¼カップ（135g）
製菓用粉砂糖…1½カップ（180g）
大きめの卵……3個（最低24時間室温に置いたもの）
上白糖…大さじ5（65g）
粉末タイプの食紅…大さじ½

1. アーモンドミール、粉砂糖、食紅を混ぜ合わせ、3回ふるいにかける（フードプロセッサーがあれば、アーモンドと砂糖をフードプロセッサーにかけてもよい）。脇に置いておく。
2. 卵白を泡がしっかり立つまで泡立て、上白糖を大さじ1ずつ分けて加えて、角が立ち、つやが出た状態にする。
3. 粉を混ぜたものの半量を卵白と混ぜ合わせ、よく混ざったら残りの粉を80パーセントほど加え（生地が固くなりすぎないようにするため）、円を描くように軽く混ぜ合わせる。
4. 固さを見ながら、粉を加えていく。ボウルを左右に揺らしたときに、マカロン生地がゆっくり動くくらいの固さに仕上げる。適切な固さを見分けるには、生地をスプーンですくって、それをボウルに落としてみるといい。ゆっくりボウルに落ち、残りの生地の上に小さな山を作り、それがゆっくり沈みこんでいくぐらいがちょうどいい。かき混ぜすぎると、生地がゆるくなりすぎて、焼いてもマカロンの足《ピエ》［マカロンの端からはみだしているフリルのようなもの］ができない。
5. トレイにクッキングペーパーを二重に敷く。二重にするのは、熱が急激に伝わるのを防ぐためだ。マカロン生地を絞り袋に移し、トレイの上に少量ずつ（直径2〜2.5センチ）絞り出す。
6. 全部絞り出したら、トレイの底をキッチンカウンターなど平らな面にトントンと打ちつけて、絞り出したマカロン生地に含まれる空気を抜く。こうすることで、マカロンが丸い形を保ち、足《ピエ》ができる。
7. トレイをそのまま放置し、室温で生地を乾かす。表面に触っても生地が指に付かなくなるまで乾かしたら、なめらかでつやのよいマカロンができる。
8. 生地が乾いたら、オーブンに入れる。120〜130℃で15〜20分焼く。オーブンによって焼け具合が異なるので、マカロンから目を離さないように。
9. オーブンから出したら、トレイをケーキクーラーの上に置いて冷ます。冷

えたら２枚の生地の間にザクロのガナッシュをはさみ、マカロンを完成させる。

10. マカロンはひと晩冷蔵庫で休ませ、生地にガナッシュの水分を吸収させる。完成したマカロンは室温で供する。

注

序章　最も美しい果実

（1）David Zohary, with Maria Hopf and Ehud Weiss, *Domestication of Plants in the Old World: The Origin and Spread of Domesticated Plants in Southwest Asia, Europe, and the Mediterranean Basin* (Oxford, 2013), pp. 134–5.

（2）John M. Riddle, *Goddesses, Elixirs, and Witches: Plants and Sexuality throughout Human History* (New York, 2010), p. 17.

（3）エリコなど。他の青銅器時代の遺跡からは、椀や箱として使用された乾燥したザクロの果実が出土している。 Charles Singer, ed., *A History of Technology*, vol. I: *From Early Times to Fall of Ancient Empires* (Oxford, 1990), p. 372.

第１章　神話におけるザクロ

（1）Efthymios G. Lazongas, 'Personification in Myth and Cult: Side, the Personification of the Pomegranate', in *Personification in the Greek World*, ed. Emma J. Stafford and Judith Herrin (Farnham, 2005), p. 104.

（2）アテネのアクロポリスに関するヘリオドロスの 15 冊の詳細な著書の現存する希少な断片にこのように記載されている。

（3）Pausanias, *Description of Greece*: 2.17.4, trans. W.H.S. Jones (Cambridge, MA, 1918), p. 335.

（4）Helmut Kyrieleis, 'The Heraion at Samos', in *Greek Sanctuaries: New Approaches* (London, 1995), p. 106.

（5）Aeschylus, *Eumenides*, 657–63. アイスキュロス著、『エウメニデス』

（6）あるいは、オウィディウス著『変身物語（上）』［中村善也訳。岩波書店。1981 年］のように、アネモネになぞらえた版もある。

（7）Clement of Alexandria, *Exhortation to the Greeks*, 2.15, trans. G. W. Butterworth (Cambridge, MA, 1919), p. 177 .

（8）トロイア戦争の発端となった「不和の林檎」は、ヘスペリデスの園にある黄金の林檎のひとつだ。伝説では黄金の林檎は不死の源とされている。俊足の狩人である女神アタランテーの神話では、黄金の「リンゴ」は性的征服と結びつけられている。

（9）Powys Mathers, *The Book of the Thousand Nights and One Night*, vol. iii (London and New York, 2005), p. 301.

(10) 前掲書 , p. 401.
(11) Shahnameh 1.21–3.
(12) Ignacz Kunos, *Forty-four Turkish Fairy Tales* (London, 1913), p. 171 .
(13) 前掲書
(14) 前掲書 , p. 172.
(15) Reader's Digest, *Timeless Tales from Many Lands* (New York, 2001), p. 330.
(16) Homa A. Ghahremani, 'Simorgh: An Old Persian Fairy Tale', *Sunrise Magazine* (June/July 1984).

第２章　古代世界のザクロ

(1) Jean Bottéro, *The Oldest Cuisine in the World: Cooking in Mesopotamia*, trans. Teresa Lavender Fagan (Chicago, IL, 2004), pp. 101–2.
(2) Samuel Kramer, *The Sacred Marriage Rite: Aspects of Faith, Myth, and Ritual in Ancient Sumer* (Bloomington, IN, 1969), p. 100.
(3) Sidney Smith, 'Pomegranate as a Charm', *Man*, XXV (1925), p. 142.
(4) John M. Riddle, *Goddesses, Elixirs, and Witches: Plants and Sexuality throughout Human History* (New York, 2010), p. 20.
(5) Sara Immerwahr, 'The Pomegranate Vase: Its Origins and Continuity', *Hesperia*, LVIII/4 (1989), p. 408.
(6) Pausanias, 9.25.1.
(7) Philostratus, *Images*, 2.29.
(8) Nikolaos Kaltsas, *Sculpture in the National Archaeological Museum, Athens* (Los Angeles, CA, 2002), p. 48.
(9) Philostatus, *Vita Apollonii*, 4.28. ピロストラトス著『テュアナのアポロニオス伝1』［秦 剛平訳。京都大学学術出版会。2010 年］
(10) *Odyssey*, 7.113. ホメロス著『オデュッセイア』
(11) Herodotus 7.41. ヘロドトス著『歴史』［松平千秋訳。岩波書店。1971 年］
(12) Herodotus 4.143. ヘロドトス著『歴史』［松平千秋訳。岩波書店。1971 年］
(13) Plutarch, *The Parallel Lives: Artaxerxes*, 4.3, trans Bernadotte Perrin (Cambridge, MA, 1923), p. 135. プルターク（プルタルコス）著『プルターク英雄伝（12)』［河野与一訳。岩波書店。1956 年］
(14) Pliny, *Natural History*, 13.2, 20.82, 21.84, 22.70, 23.16, 23.42, 23.43, 23.57, 23.58, 23.60, 24.54, 29.11, 30.16. プリニウス著『プリニウスの博物誌』［中野貞雄、中野里美、中野美代訳。雄山閣。2012 年］

(15) ビザンチンの宮廷儀礼を記した以下の書籍より引用。 Cited in Kathryn M. Ringrose, 'Women and Power at the Byzantine Court', in *Servants of the Dynasty: Palace Women in World History*, ed. Anne Walthall (Berkeley, CA, 2008), p. 77.
(16) Efthymios G. Lazongas, 'Personification in Myth and Cult: Side, the Personification of the Pomegranate', in *Personification in the Greek World*, ed. Emma J. Stafford and Judith Herrin (Farnham, 2005), p. 102 .

第3章　ユダヤ教とイスラム教のザクロ

(1) Asaph Goor, 'The History of the Pomegranate in the Holy Land', *Economic Botany*, XXI/3 (1967), pp. 221 –2.
(2) 前掲書 , p. 223.
(3) 旧約聖書文書のひとつ『ヨエル書』1章10、12節に記されている。
(4)「ザクロ」を意味するヘブライ語。
(5) Goor, 'The History of the Pomegranate in the Holy Land', p. 222.
(6) 前掲書 , p. 223.
(7) Mary Abram, 'The Pomegranate: Sacred, Secular, and Sensuous Symbol of Ancient Israel', *Studia Antiqua*, VII/1 (Spring 2009), p. 27.
(8) Kiddushin 81b.
(9) Abu Nu'aim, *As-Suyuti's Medicine of the Prophet* (Bloomington, IN, 1994), p. 63.

第4章　中世のザクロ

(1) Melitta Weiss Adamson, *Food in Medieval Times* (Westport, CT, 2004), pp. 113–14.
(2) Pliny, *Natural History*, 23.58. プリニウス著『プリニウスの博物誌』［中野貞雄、中野里美、中野美代訳。雄山閣。2012年］
(3) Christopher Daniell, *Death and Burial in Medieval England, 1066–1550* (London, 1997), p. 76.
(4) Henry Layard, *A Popular Account of Discoveries at Nineveh* (New York, 1854), p. 302.
(5) アンダルシアの地元の伝説。
(6) Bury Palliser, *Historic Devices, Badges, and War-cries* (London, 1870), p. 380.
(7) Hildegard Schneider, 'On the Pomegranate', *Metropolitan Museum of Art Bulletin*, IV/4 (1945), p. 118.
(8) Monica H. Green, *The Trotula: A Medieval Compendium of Women's Medicine* (Philadelphia, PA, 2001), pp. 87, 97 and 171.

第５章　今日のザクロの生産と栽培

(1) Peter Collinson and William Darlington, *Memorials of John Bartram and Humphry Marshall* (Philadelphia, PA, 1849), p. 244.
(2) 現代のグレナディン・シロップには、ザクロ果汁に代わって人工的なフレーバーが使われていることが多い。
(3) Richard Ashton, with Barbara Baer and David Silverstein, eds, *The Incredible Pomegranate* (Tempe, AZ, 2006), p. 76.
(4) Ben Farmer, 'Afghanistan Promotes Pomegranates over Opium Poppies in Farming Overhaul', *The Telegraph* (20 November 2008).
(5) Julia Morton, *Fruit of Warm Climates* (Miami, FL, 1987), pp. 352–5.
(6) Ashton, Baer and Silverstein, eds, *The Incredible Pomegranate*, p. 21.
(7) Gregory Levin, *Pomegranate Roads: A Soviet Botanist's Exile from Eden* (Forestville, Ca, 2006), p. 25.
(8) 前掲書 , pp. 147–8.
(9) 前掲書 , p. 180.
(10) 前掲書 , p. 101.
(11) John M. Riddle, *Goddesses, Elixirs, and Witches: Plants and Sexuality throughout Human History* (New York, 2010), p. 18.
(12) 前掲書。
(13) 前掲書。
(14) 前掲書 , p. 50.
(15) Donald Harper, 'Flowers in T'ang Poetry: Pomegranate, Sea Pomegranate, and Mountain Pomegranate', *Journal of American Oriental Studies*, CVI/1 (1986), p. 152.
(16) Sri Sathya Sai Baba, 'True Sacrifice', at http://sssbpt.org/index.html, July 1988.
(17) Kabir Edmund Helminski, *Love's Ripening: Rumi on the Heart's Journey* (Boston, MA, 2008), pp. 56–7.
(18) *Macquarie Dictionary* (revised 3rd edn), p. 1478.

第６章　現代の文学、美術、映画におけるザクロ

(1) Khaled Hosseini, *The Kite Runner* (London, 2003), pp. 80–81.
(2) 前掲書 , p. 24.
(3) William Sayoran, *My Name is Aram* (San Diego, CA, 1940), p. 27.
(4) 前掲書 , p. 39.
(5) 前掲書 , p. 42.

ダミアン・ストーン（Damien Stone）
考古学者。オーストラリア、シドニー大学構内のチャウ・チャク・ウィン美術館収蔵品管理部を拠点に活動している。著書に『*The Hittites: Lost Civilizations*（ヒッタイト：失われた文明）』（2023年）がある。

元村まゆ（もとむら・まゆ）
同志社大学文学部卒業。翻訳家。訳書として『「食」の図書館　ロブスターの歴史』（原書房）、『「食」の図書館　プディングの歴史』（原書房）、『SKY PEOPLE』（ヒカルランド）などがある。

「食《しょく》」の図書館《としょかん》

ザクロの歴史《れきし》

●

2023年1月29日　第1刷

著者……………ダミアン・ストーン
訳者……………元村《もとむら》まゆ
装幀……………佐々木正見
発行者……………成瀬雅人
発行所……………株式会社原書房

〒160-0022 東京都新宿区新宿 1-25-13
電話・代表 03(3354)0685
振替・00150-6-151594
http://www.harashobo.co.jp

印刷……………新灯印刷株式会社
製本……………東京美術紙工協業組合

ISBN 978-4-562-07216-3, Printed in Japan